RESÂİL-İ AHMEDİYYE

-34-

AHLÂK-I NEBÎ
(Sallâllâhu Aleyhi ve Sellem)

Müellif
Abdü'l-Vehhâb eş-Şa'rânî
(Kuddise Sirruhu)

Mütercim
Ahmet Mahmut Ünlü
(Cübbeli Hoca Efendi)

Seri İsmi	Resâil-i Ahmediyye
Seri No	34
Kitap İsmi	AHLÂK-I NEBÎ
Yazar	Ahmet Mahmut Ünlü (Cübbeli Ahmet Hoca)
Kapak Tasarım	Tuana Basın Yayın
Mizanpaj	Tuana Basın Yayın
Baskı	1. Baskı 02.01.2017
ISBN	978-605-9531-05-4
Baskı ve Cilt	Göksu Ofset
Yayınlayan	Tuana Basın Yayın
Yayıncı Sertifika	28799
İletişim	0212 435 10 58 Çınar Mah. Osman Gazi Cad. No: 50 Bağcılar / İSTANBUL

Bu eserin tüm hakları saklıdır

﴿ وَ إِنَّكَ لَعَلَى خُلُقٍ عَظِيمٍ ﴾

"**Şüphesiz ki sen elbette** (mâhiyeti kimse tarafından idrâk edilemeyecek kadar) **pek büyük bir ahlâk üzeresin.**" *(Kalem Sûresi:4)*

﴿ لَقَدْ كَانَ لَكُمْ فِي رَسُولِ اللّٰهِ أُسْوَةٌ حَسَنَةٌ لِمَنْ كَانَ يَرْجُو اللّٰهَ وَالْيَوْمَ الْآخِرَ وَذَكَرَ اللّٰهَ كَثِيرًا ﴾

"**Andolsun ki elbette sizin için;** (özellikle de) **Allâh'a ve son güne ümit bağlamakta bulunmuş olan ve Allâh'ı çokca anmış olan kimseler için Allâh'ın Rasûlünde pek güzel ve uyulmayı gerektiren birçok haslet bulunmaktadır!**" *(Ahzâb Sûresi:21)*

بِسْمِ اللّٰهِ الرَّحْمٰنِ الرَّحِيمِ

ÖNSÖZ

Sonsuz hamd-ü senâlar Habîbine hitâben: **"Şüphesiz ki sen elbette pek büyük bir ahlâk üzeresin"** buyurmuş olan **Allâh-u Te'âlâ**'ya mahsustur.

Sınırsız salât-ü selâmlar: ***"Ben ancak iyi ahlâkı tamamlamak için gönderildim"*** buyuran **Rasûlüllâh** *(Sallâllâhu Aleyhi ve Sellem)*e, O'nun ahlâkını hakkıyla örnek alan âl-i ashâbına ve cezâ gününe kadar iyilikte onlara hakkıyla uyanlara olsun.

Cezâevindeyken: "Hapisten çıktığımda her sene Rebî'u'l-evvel ayında **Rasûlüllâh** *(Sallâllâhu Aleyhi ve Sellem)* hakkında bir eser telif edeceğim" diye **Allâh-u Te'âlâ**'ya söz vermiştim.

Baypas ameliyatı olduğum sene hâricinde Rabbim beni bu sözde durmaya muvaffak eyledi. İşte bu sene de elinizdeki bu eseri Mevlid gecesine yetiştirmek nasip oldu.

AHLÂK-I NEBÎ

Rabbimden niyâzım odur ki, kalan ömrümde de beni her sene böyle hayırlı bir amele muvaffak eylesin, siz okurlarımı da **Rasûlüllâh** *(Sallâllâhu Aleyhi ve Sellem)*in sevgisi bakımından gün be gün müzdâd eylesin. Âmin.

Elinizdeki bu risâle, Ârif-i billâh **Abdü'l-Vehhâb eş-Şa'rânî** *(Kuddise Sirruhu)*ya âit olan *"el-Ahlâku'l-Metbûliyye"* isimli kitabın, Ezher Şeyhi **Abdü'l-Halîm Mahmud** *(Rahimehullâh)*ın tahkîkiyle Kâhire'deki Hassân Matbaasının 1975 yılında yaptığı baskının birinci bâbının tercümesidir.

Aynı bölüm **Yusuf en-Nebhânî** *(Rahimehullâh)*ın hocası olan **Hasen el-'Adevî** *(Kuddise Sirruhu)*ya âit *"en-Nefehâtü'ş-Şâzeliyye fî şerhi'l-Bürdeti'l-Bûsiyriyye"* isimli eserde de, ayrıca **Mâü'l-ayneyn** *(Rahimehullâh)*ın *"Na'tü'l-bidâyât ve tevsîfü'n-nihâyât"* isimli telifinde de yer almıştır ki, biz bunların cilt ve sayfalarını risâlemizin sonunda beyân ettik.

Allâh-u Te'âlâ cümlemizi Habîbi'nin ahlâkıyla ahlâklandırsın ve sıfâtıyla sıfatlandırsın.

12-Rebî'u'l-evvel-1430 / 9-Mart-2009

KISM-I EVVEL

ŞEMÂİL-İ ŞERÎFE

اَلشَّمَائِلُ الشَّرِيفَةُ

عَنِ الْحَسَنِ بْنِ عَلِيٍّ رَضِيَ اللهُ عَنْهُمَا قَالَ: "سَأَلْتُ هِنْدَ بْنَ أَبِي هَالَةَ وَكَانَ وَصَّافًا عَنْ حِلْيَةِ النَّبِيِّ ﷺ وَأَنَا أَشْتَهِي أَنْ يَصِفَ لِي مِنْهَا شَيْئًا أَتَعَلَّقُ بِهِ فَقَالَ: كَانَ رَسُولُ اللهِ ﷺ فَخْمًا مُفَخَّمًا، يَتَلَأْلَأُ وَجْهُهُ تَلَأْلُأَ الْقَمَرِ لَيْلَةَ الْبَدْرِ، كَانَ رَبْعَةً مِنَ الْقَوْمِ أَطْوَلَ مِنَ الْمَرْبُوعِ وَأَقْصَرَ مِنَ الْمُشَذَّبِ، عَظِيمَ الْهَامَةِ، رَجِلَ الشَّعْرِ إِنِ انْفَرَقَتْ عَقِيقَتُهُ فَرَقَهَا وَإِلَّا فَلَا يُجَاوِزُ شَعْرُهُ شَحْمَةَ أُذُنَيْهِ إِذَا هُوَ وَفَّرَهُ، أَزْهَرَ اللَّوْنِ، وَاسِعَ الْجَبِينِ، أَزَجَّ الْحَوَاجِبِ سَوَابِغَ مِنْ غَيْرِ قَرَنٍ، بَيْنَهُمَا عِرْقٌ يُدِرُّهُ الْغَضَبُ، أَدْعَجَ أَكْحَلَ الْعَيْنَيْنِ، أَقْنَى الْعِرْنِينِ لَهُ نُورٌ يَعْلُوهُ يَحْسَبُهُ مَنْ لَمْ يَتَأَمَّلْهُ أَشَمَّ، كَثَّ اللِّحْيَةِ، سَهْلَ الْخَدَّيْنِ، ضَلِيعَ

AHLÂK-I NEBÎ

الْفَمِ، أَشْنَبَ مُفَلَّجَ الْأَسْنَانِ، دَقِيقَ الْمَسْرُبَةِ، كَأَنَّ عُنُقَهُ جِيدُ دُمْيَةٍ فِي صَفَاءِ الْفِضَّةِ، مُعْتَدِلَ الْخَلْقِ، بَادِنًا مُتَمَاسِكًا سَوَاءَ الْبَطْنِ وَالصَّدْرِ، عَرِيضَ الصَّدْرِ، بَعِيدَ مَا بَيْنَ الْمَنْكِبَيْنِ، ضَخْمَ الْكَرَادِيسِ، أَنْوَرَ الْمُتَجَرَّدِ، مَوْصُولَ مَا بَيْنَ اللَّبَّةِ وَالسُّرَّةِ بِشَعْرٍ يَجْرِي كَالْخَطِّ، عَارِيَ الثَّدْيَيْنِ وَالْبَطْنِ مِمَّا سِوَى ذَلِكَ، أَشْعَرَ الذِّرَاعَيْنِ وَالْمَنْكِبَيْنِ وَأَعَالِي الصَّدْرِ، طَوِيلَ الزَّنْدَيْنِ، رَحْبَ الرَّاحَةِ، شَثْنَ الْكَفَّيْنِ وَالْقَدَمَيْنِ رَقِيقَ الْأَنَامِلِ، سَائِلَ الْأَطْرَافِ، خَمْصَانَ الْأَخْمَصَيْنِ مَسِيحَ الْقَدَمَيْنِ يَنْبُو عَنْهُمَا الْمَاءُ، إِذَا زَالَ زَالَ قَلْعًا يَخْطُو تَكَفِّيًا، وَيَمْشِي هَوْنًا ذَرِيعَ الْمِشْيَةِ إِذَا مَشَى كَأَنَّمَا يَنْحَطُّ مِنْ صَبَبٍ، وَإِذَا الْتَفَتَ الْتَفَتَ جَمِيعًا، خَافِضَ الطَّرْفِ، نَظَرُهُ إِلَى الْأَرْضِ أَطْوَلُ مِنْ نَظَرِهِ إِلَى السَّمَاءِ، جُلُّ نَظَرِهِ

AHLÂK-I NEBÎ

اَلْمُلَاحَظَةُ، يَسُوقُ أَصْحَابَهُ، وَيَبْدَأُ مَنْ لَقِىَ بِالسَّلَامِ، بَيْنَ كَتِفَيْهِ خَاتَمُ النُّبُوَّةِ وَهُوَ خَاتَمُ النَّبِيِّينَ، أَجْوَدُ النَّاسِ كَفًّا، وَأَشْرَحُهُمْ صَدْرًا، وَأَصْدَقُ النَّاسِ لَهْجَةً، وَأَلْيَنُهُمْ عَرِيكَةً، وَأَكْرَمُهُمْ عِشْرَةً، مَنْ رَآهُ بَدِيهَةً هَابَهُ، وَمَنْ خَالَطَهُ مَعْرِفَةً أَحَبَّهُ، وَبِالْجُمْلَةِ كَانَ صَلَّى اللّٰهُ تَعَالَى عَلَيْهِ وَسَلَّمَ نُورَ الْأَنْوَارِ، يَخْطَفُ الْأَبْصَارَ، يَقُولُ نَاعِتُهُ لَمْ أَرَ قَبْلَهُ وَلَا بَعْدَهُ مِثْلَهُ، صَلَّى اللّٰهُ تَعَالَى عَلَيْهِ وَعَلَى اٰلِهِ وَسَلَّمَ تَسْلِيمًا وَرَضِيَ اللّٰهُ تَعَالَى عَنْ أَصْحَابِهِ أَجْمَعِينَ."

Çok küçük yaşta kıymetli dedesini kaybettiğinden, **Rasûlüllâh** *(Sallâllâhu Aleyhi ve Sellem)* in keremli sûretini hatırlamakta güçlük çekmesi münâsebetiyle O'na kolayca râbıta yapabilmek için **Hasen** *(Radıyallâhu Anh)*, dayısı **Hind ibni Ebî Hâle** *(Radıyallâhu Anh)*a, dedesi **Rasûlüllâh** *(Sallâllâhu Aleyhi ve Sellem)*in şemâilini sormuştu ve onun kendisine bu hususta beyânlarda bulunmasına karşı çok istekliydi.

AHLÂK-I NEBÎ

Fâtıma (Radıyallâhu Anhâ)nın, annesi *Hâdîce (Radıyallâhu Anhâ)dan kardeşi olduğu için, küçükken* **Rasûlüllâh** *(Sallâllâhu Aleyhi ve Sellem)in terbiyesi altında büyümüş olan ve bu sebeple* **Rasûlüllâh** *(Sallâllâhu Aleyhi ve Sellem)in târifini çok iyi yapan* **Hind** *(Radıyallâhu Anh) (ve Alî (Radıyallâhu Anh)) şöyle anlattı:*

"**Rasûlüllâh** *(Sallâllâhu Aleyhi ve Sellem) haddizâtında* **büyüktü,** *kendisini görenlerin nazarında da* **büyük görünürdü.**

Ne kadar istese de hiçbir kimse görmezlikten gelerek O'na hürmeti terk etme gücünü kendinde bulamazdı.

Mübârek yüzü *hafif değirmi (yuvarlak) ve dolgunca idi. Rengi; pembe beyaz olup,* **ayın ondördü gibi parlardı.**

Mübârek boyu; ortadan uzunca, çok uzundan da kısacaydı. O, kavminin orta boylusu idi.

Mübârek başı; büyükçe idi *ki, bu O' nun idrâk gücüne delâlet etmekteydi.*

Mübârek saçları; kıvırcıkla düz arası, hafifçe dalgalıydı.

Yeni yıkanmışken kolayca şekil alabildiğinde **saçlarını sağa ve sola ikiye ayırırdı, değilse ayırmazdı. Mübârek saçını salıverdiğinde kulak yumuşaklarını geçerdi.**

Mübârek rengi bembeyaz ve parlaktı.

Mübârek alnı genişti.

Mübârek kaşları *yay gibi* **ince, uzun ve düzgündü.** *O şekilde ki, hiçbir tüy diğerini geçmezdi.* **Mübârek kaşları birbirine yakın olmayıp çok mükemmeldi. Mübârek kaşlarının arasında bir damar vardı ki,** *Allâh için* **kızması onu harekete geçirirdi.**

Mübârek gözleri *irice olup,* **kudretten sürmeliydi.** *Siyahı çok siyah, beyazı da çok beyaz olup, akında hafif pembelik karışık idi.*

Mübârek burnu hafif uzunca olup *ucu inceydi.* **Mübârek burnunun üzerinde öyle bir nûr vardı ki, iyice bakmayan kişi sahip olduğu nûrdan dolayı ortasını çıkıntılı zannederdi.**

Mübârek sakalı, çok gür ve büyükçe idi.

Mübârek yanakları; düz olup çıkıntılı değildi.

Mübârek ağzı; genişti ki, bu da fesâhatının bir delîli idi.

Mübârek dişleri; çok keskin ve parlak olup, üst dişlerinin arası hafifçe açık idi.

Mübârek boynu; gümüş gibi güzel ve parlaktı. Düzgünlük ve doğrulukta sanki tasvîr *(çizme resim)* gibi idi.

Mübârek uzuvları birbirine çok uyumlu ve münâsip idi.

Mübârek bedeni mûtedil bir şekilde etli olup, mübârek etleri sarkık değildi.

Karnı şerifleri ve göğsü şerifleri birbirine müsâvî *(eşit konumda)* idi. **Mübarek göğüsleri** genişti *ki, bu O'nun asilliğinin ve gücünün alâmetiydi.*

Mübârek omuzlarının arası geniş idi.

Mübârek kemiklerinin eklem yerleriyle omuz başları ince idi *ki, bu O'nun mükemmel kuvvetinin delîli idi.*

Mübârek uzuvlarının tüysüz kısmı çok parlak ve nurlu idi.

Mübârek vücudu kılsız olup, sâdece göğsünden göbeğine doğru inen bir tüy şeridi vardı.

Mübârek kolları ve omuzları tüylü olup, mübârek kolları uzunca idi.

Mübârek el ayası genişce idi *ki, bu O' nun hem sûreten hem mânen elinin açıklığının delîli idi.*

Mübârek elleri ve ayakları irice idi.

Mübârek parmakları ince idi.

Mübârek tabanlarının boşluğu mûtedil olup, ne çok çıkıntılı, ne de çok düşük idi.

Mübârek ayakları düz, pürüzsüz ve yumuşak olduğu için kayganlığından su tutmazdı.

Yürüdüğü zaman meyilli ve engebeli bir yerde yürürcesine ayaklarını sürtmeden sertçe kaldırıp *geminin suda akışı gibi* yürürdü ve yokuştan iner gibi sallanırdı.

Yürümesi sekînet ve vakarla olup, adım araları geniş idi.

AHLÂK-I NEBÎ

Bir tarafa bakarken *sâdece mübârek başıyla değil,* bütün vücûduyla o tarafa yönelirdi.

Mübârek göz uçları yere doğru eğik olup, *vahiy bekleme ânı dışında* yere bakışı, göğe bakışından daha uzun vukû bulurdu. *Bu da O'nun sekînet ve ve emniyetinin delîli idi.*

O'nun bütün bakışları: 'Onlardan bâzılarına dünyâ hayatının süsü olarak kendilerini imtihan etmek için verdiklerimize gözlerini uzatma!' *(Tâhâ Sûresi:131) emrine imtisâlen zarûret miktarı idi.*

Ashâbını önünde yürütür: 'Arkamı meleklere bırakın!' *buyururdu. Son derece tevâzuundan dolayı* karşılaştığı kişiye önce kendisi selâm verirdi.

Mübârek sırtında bulunan iki kürek kemiği arasında peygamberlerin sonu olduğunu gösteren nübüvvet mührü vardı.

Hülâsa; **Kâinatın Efendisi** (Sallâllâhu Aleyhi ve Sellem) insanların en cömerti, en açık gönüllüsü, en doğru sözlüsü, en yumuşak huylusu ve en arkadaş canlısı idi.

Kendisini ilk defa görenler heybetine kapılır, fakat tanıyıp dostluk kuranlar O'nu çok severlerdi.

Hâsılı; Fahr-i Kâinat Efendimiz, gözleri kamaştıracak şekilde nûrların nûru idi. O'nu tarife çalışanlar: 'Ne O'ndan önce, ne de O'ndan sonra, O'nun gibi bir zat görmedik!' derlerdi. Allâh-u Te'âlâ'nın sâlat ve selâmları; O'nun, Ehl-i Beyt'inin ve bütün ashâbının üzerine olsun!"

Rasûlüllâh *(Sallâllâhu Aleyhi ve Sellem)* dâr-ı fenâdan dâr-ı bekâya intikal ve irtihal irâde buyurunca, ashâb-ı kirâmın, "Yâ Rasûlellâh! Senden sonraya kalıp da cemâlini göremezsek hâlimiz nice olur?" demeleri üzerine şöyle buyurdular:

« اُكْتُبُوا أَوْصَافِي وَانْظُرُوا إِلَيْهَا وَارْفَعُوهَا مَعَكُمْ فَمَنْ رَفَعَهَا مَعَهُ وَنَظَرَ فِيهَا فَكَأَنَّمَا رَآنِي إِنْ كَانَ مُسْلِمًا حَرَّمَ اللهُ جَسَدَهُ عَلَى النَّارِ وَيُؤَمَّنُ مِنْ عَذَابِ الْقَبْرِ وَلَا يُحْشَرُ يَوْمَ الْحَشْرِ عُرْيَانًا وَإِنْ كَانَ

AHLÂK-I NEBÎ

سُلْطَانًا نَالَ مُرَادَهُ وَنَصَرَهُ اللهُ عَلَى أَعْدَائِهِ وَيُؤَمِّنُهُ مِنْ شَرِّ كُلِّ شَيْطَانٍ وَمِنْ جَمِيعِ كُلِّ مَا يَخَافُ، وَمَنْ كَتَبَهَا فِي وَرَقَةٍ وَحَمَلَهَا مَعَهُ جَعَلَ اللهُ لَهُ جَنَّاتِ عَدْنٍ مَنْزِلَهُ، وَمَنْ نَظَرَ فِيهَا بَعْدَ صَلَاةِ الصُّبْحِ كَتَبَ اللهُ لَهُ ثَوَابَ خَمْسِمِائَةِ حَجَّةٍ، وَمَنْ نَظَرَ فِيهَا بَعْدَ صَلَاةِ الْمَغْرِبِ كَتَبَ اللهُ لَهُ ثَوَابَ سِتِّمِائَةِ حَجَّةٍ، وَمَنْ نَظَرَ فِيهَا بَعْدَ صَلَاةِ الْعِشَاءِ كَتَبَ اللهُ لَهُ ثَوَابَ أَلْفِ حَجَّةٍ وَكَتَبَ اللهُ لَهُ ثَوَابَ مَنْ خَتَمَ الْقُرْآنَ الْعَظِيمَ وَكَتَبَ اللهُ لَهُ ثَوَابَ مَنْ أَعْتَقَ أَلْفَ رَقَبَةٍ وَاللهُ ذُو الْفَضْلِ الْعَظِيمِ. »

"Benim evsaf ve şemâilimi yazıp onlara bakın ve yanınızda yüksek bir yere asın!

Her kim onları yükseğe kaldırıp bakarsa beni görmüş gibi olur. Eğer Müslümansa (ve bana muhabbetle bağlanırsa), Allâh-u Teʿâlâ onun cesedini cehenneme haram kılar.

O kişi kabir azâbından emin olur ve mahşer günü çıplak olarak haşredilmez.

O kişi idareci ise murâdına erer. Allâh-u Teʿâlâ ona, düşmanlarına karşı yardım eder. Bütün şeytanların şerrinden korur. Her korkusundan emin olur.

Her kim bunları bir kağıda yazıp yanında taşırsa, Allâh-u Teʿâlâ Adn cennetlerini ona konak yapar.

Sabah namazından sonra (üç salevât-ı şerîfe okuyup), bu şemâili şerîfeye bakana Allâh-u Teʿâlâ beş yüz hac sevâbı yazar.

Akşam namazından sonra buna bakana altı yüz hac sevâbı yazar.

Yatsı namazından sonra buna bakana ise bin hac sevâbı yazar, kendisine Kur'ân-ı ʿAzîm'i hatmetmiş kimsenin sevâbını yazar ve ayrıca ona bin köle âzâd etmiş kişinin sevâbını yazar.

Allâh-u Teʿâlâ, büyük fazl(-u kerem) sâhibidir. (Dolayısıyla O'nun, Habîbine muhabbetle bağlanan ve şemâiline tâzimle bakan kimseye bu kadar sevâb vermesine şaşılmaz.)"

AHLÂK-I NEBÎ

Ulemâ şöyle demişlerdir:

"İçinde şemâil-i şerîfe bulunan ev felâkete uğramaz.

İçinde şemâil-i şerîfe bulunan eve şeytan ve fakirlik girmez.

İçinde şemâil-i şerîfe bulunan ev ateşte yanmaz.

Şemâil-i şerîfeyi üzerinde taşıyan kişi her türlü musîbetten korunur, ömrü ve devleti uzun olur ve âhiret belâlarından emin olur.

Şemâil-i şerîfe her ne niyetle kırk gün okunsa, okuyanın murâdı hâsıl olur.

Şemâil-i şerîfeyi ölümünden sonra kefenine koyduran kişi kabir azâbı görmez, yetmiş melek ona duâ ve istiğfâr eder."

(Ârif-i Rabbâni Veliyy-i Samedâni Fethullâh el-Bennâni, Fethullâh fî mevlid-i Hayr-i halkıllâh, sh:15-19, Tirmizî, no:3638, Şemâilü'l-Nebî, sh:38, İbnü'l Esîr, Üsdü'l-gâbe, No:5404, 4/619, Beyhakî, Delâilü'n-nü- büvve, 1/285, Türkiye Diyânet Vakfı İslâm Ansiklopedisi, 18/ 44-51)

KISM-I SÂNÎ
AHLÂK-I NEBÎ
(Sallâllâhu Aleyhi ve Sellem)

AHLÂK-I NEBÎ

RASÛLÜLLÂH *(SALLÂLLÂHU ALEYHİ VE SELLEM)*İN AHLÂKINDAN BİR NEBZE

Rasûlüllâh *(Sallâllâhu Aleyhi ve Sellem)* **insanların veraʿ bakımından en üstünüydü.**

Nitekim **Müslim**'in, **Saʿd ibni Hişam** *(Radıyallâhu Anh)dan* rivâyetine göre **Âişe** *(Radıyallâhu Anhâ)ya* **Rasûlüllâh** *(Sallâllâhu Aleyhi ve Sellem)in ahlâkı sorulduğunda: "O'nun ahlâkı Kur'ân'dı" diye cevap vermiştir. Kur'ân'ı kendisine ahlâk edinen bir zattan daha takvâ sahibi kim olabilir.*

Rasûlüllâh *(Sallâllâhu Aleyhi ve Sellem)* **insanların zühd bakımından en üstünü idi.**

Nitekim **Taberânî**'nin **İbni Abbâs** *(Radıyallâhu Anhümâ)dan* rivâyetine göre; **İsrâfil** *(Aleyhisselâm) kendisine yeryüzünün hazînelerinin anahtarlarını getirdiğinde ve dilemesi halinde Mekke'nin dağlarını zümrüt, yâkut, altın ve gümüş yaparak kendisiyle birlikte yürüteceğini söylediğinde, O üç kere:*

« بَلْ نَبِيًّا عَبْدًا »

AHLÂK-I NEBÎ

"(Ben kral olan bir peygamber değil de) **kul olan bir peygamber olayım"** *demiştir ki, bu da O'nun dünyâya karşı ne kadar soğuk olduğunun en büyük delîlidir.*

İbnü'l-Kattân *(Rahimehullâh) âyetler ve mûcizeler hakkında tasnîf ettiği eserinde şöyle demiştir:* **"Rasûlüllâh** *(Sallâllâhu Aleyhi ve Sellem)in zühdü, ibâdeti, tevâzuu vesâir üstün vasıfları hakkında kavl-i vecîz (kısa ve öz söylenecek olan söz) şöyledir:*

Rasûlüllâh *(Sallâllâhu Aleyhi ve Sellem) Yemen'in en ücrâ köşesinden Uman sahrâsına, bir taraftan da Hicaz'ın en uzak bölgesine kadar mâlik olmuşken, vefât ettiğinde borçlu ölmüş ve âilesine yemek almak için zırhını rehin bırakmıştı. Ardına hiçbir dînar-dirhem (para-pul) bırakmamış, hiçbir köşk yapmamış, hiçbir hurma ağacı dikmemiş ve hiçbir su arkı akıtmamıştır.*

Kendisi toprak üzerinde yer ve toprak üzerinde otururdu, aba giyerdi, yoksullarla otururdu, çarşılarda (tek başına alışveriş için) dolaşırdı, elini yastık yapardı, (yemekten sonra) parmaklarını yalardı, elbisesini yamalardı, na'l-i şerîfini dikerdi.

Evini düzeltirdi, ev işlerinde âilesine yardım ederdi, yaslanarak yemezdi ve:

» فَإِنَّمَا أَنَا عَبْدٌ، اٰكُلُ كَمَا يَأْكُلُ الْعَبْدُ، وَأَشْرَبُ كَمَا يَشْرَبُ الْعَبْدُ «

*"**Ben ancak bir kulum, bir kulun yediği gibi yerim, içtiği gibi içerim!**"* (İbni Ebî Şeybe, el-Musannef, no:34313, 7/99, İbni Hacer el-Askalânî, el-Metâlibü'l-âliye, no:3855, 4/23, Se'âlibî, el-Cevâhiru'l-hisân fî tefsîri'l-Kur'ân: 2/55) *derdi.*

Yanlışlıkla birine bir eziyet verecek olsa kendisinden kısas aldırırdı. Ağız dolusu gülerken hiçbir zaman görülmezdi. Bir kol etine dâvet edilse elbette icâbet ederdi, kendisine bir paça dahi hediye edilecek olsa elbette kabul ederdi.

Tek başına yemezdi, kölesini dövmezdi, hediyesini kimseden esirgemezdi, Allâh yolunda olmadıktan sonra eliyle hiçbir şeye vurmazdı. Ayakları şişinceye kadar Allâh için kıyâmda durur, kendisine: **'Allâh-u Te'âlâ** *senin için geçmişini ve geleceğini bağışlamışken hâlâ niye böyle yapıyorsun?' denildiğinde ise:*

AHLÂK-I NEBÎ

« أَفَلَا أَكُونُ عَبْدًا شَكُورًا »

"Ben hakkıyla şükreden bir kul olmayayım mı?" derdi. *(Buhârî, Tefsîr:324, no:4556, 4/1830; Se'âlibî, el-Cevâhiru'l-hisân fî tefsîri'l-Kur'ân: 2/55)*

Gece namaza kalktığı zaman ağlamaktan dolayı, kendisinden tencere kaynaması gibi ses işitilirdi. ***Allâh-u Te'âlâ*** *ona ve âl-i etbâ'ına kıyâmet gününe kadar devam edecek kadar salât-ü selâm eylesin!" (Se'âlibî, el-Cevâhiru'l-hisân fî tefsîri'l-Kur'ân: 2/55)*

Rasûlüllâh *(Sallâllâhu Aleyhi ve Sellem)* **insanların en iffetlisiydi.**

Nitekim **Buhârî**'nin **İbni Ömer** *(Radıyallâhu Anhümâ)*dan rivâyetine göre **Rasûlüllâh** *(Sallallâhu Aleyhi ve Sellem) fuhşî kelamlar konuşmaz, kimseye karşı saldırgan davranmazdı, kendisi:*

« إِنَّ خِيَارَكُمْ أَحَاسِنُكُمْ أَخْلَاقًا »

"Sizin en hayırlılarınız, ahlâkı en güzel olanlarınızdır" buyururdu.

Rasûlüllâh *(Sallâllâhu Aleyhi ve Sellem)* **insanların en âlimi idi.**

AHLÂK-I NEBÎ

Nitekim Buhârî ve Müslim'in Enes (Radıyallâhu Anh)dan rivâyetine göre bir gün minbere çıkarak:

« سَلُونِي، لَا تَسْأَلُونِي عَنْ شَيْءٍ إِلَّا بَيَّنْتُهُ لَكُمْ »

"Bana dilediğinizi sorun, bana ne sorarsanız mutlaka açıklarım" buyurmuştur ki, ilim üstünlüğü konusunda böyle bir iddiâ **Rasûlüllâh** *(Sallallâhu Aleyhi ve Sellem)*den başka hiçbir kimseye nasip olmamıştır.

Rasûlüllâh *(Sallâllâhu Aleyhi ve Sellem)* **insanların en keremlisiydi.**

Nitekim Müslim'in Enes (Radıyallâhu Anh) dan rivâyetine göre **Rasûlüllâh** *(Sallâllâhu Aleyhi ve Sellem)den ne istenilse mutlaka verirdi.*

Safvan ibni Ümeyye *(Radıyallâhu Anh) kendisine geldiğinde ona iki dağ arasını dolduran bir sürü koyun verince, o kavmine dönerek: "Ey kavmim! Müslüman olun, çünkü gerçekten Muhammed fakirlikten korkmayan bir kimsenin lütfuyla veriyor"* dedi.

Rasûlüllâh *(Sallâllâhu Aleyhi ve Sellem)* **insanların en halim selim olanı idi.**

Nitekim Uhud muhâberesinde kendisi yaralanmış, alnı şerîfi yarılmış ve mübârek dişi kırılmışken, sahâbe-i kirâm (Rıdvânullâhi Te'âlâ Aleyhim Ecmaîn) *kendisinden kâfirlere beddua etmesini istediklerinde:*

« إِنِّي لَمْ أُبْعَثْ لَعَّانًا، وَلٰكِنْ بُعِثْتُ دَاعِيًا وَرَحْمَةً اَللّٰهُمَّ اهْدِ قَوْمِي فَإِنَّهُمْ لَا يَعْلَمُونَ »

"Ben lânetçi olarak gönderilmedim, lâkin dâvetçi ve rahmet olarak gönderildim. Ey Allâh! Kavmimi hidâyet et, çünkü onlar bilmiyorlar" *buyurdu.*

Rasûlüllâh (Sallâllâhu Aleyhi ve Sellem) **insanların en fazla ibâdet edeni idi.**

Nitekim **Buhârî** *ve* **Müslim***'in* **Âişe** *(Radıyallâhu Anhâ)dan rivâyetine göre; geceleri ayakları şişinceye kadar ibâdet ederdi.*

Rasûlüllâh (Sallâllâhu Aleyhi ve Sellem) **insanlar içerisinde şüpheli yerlerden en uzak duran kimse idi. Bu nedenle ümmetine şerî'at öğretmek ve onlar adına ihtiyatlı davranmak için mübârek eli mahremi olmayan hiçbir kadının eline değmemişti.**

AHLÂK-I NEBÎ

Çocukken Mekke'de biraz oynamak istediğinde **Allâh-u Te'âlâ** O'nu çocukların oyununa iştirâk etmekten bile korumuşken, bir kadının eline değecek olsa elbette ki O'nu kötü fikirden koruyacaktı. Demek ki O'nun nâmahreme el değmemesi bize öğretmek içindi.

Rasûlüllâh (Sallâllâhu Aleyhi ve Sellem) **insanlara vaaz ettiği zaman, bir kişiyi insanlar arasında utandırma endişesiyle belli bir kişinin adını vermezdi, herkes hakkında sözü ortaya salıverirdi:**

«مَا بَالُ أَقْوَامٍ يَفْعَلُونَ كَذَا ؟»

"Şöyle şöyle yapan kavimlerin hâli nicedir?" buyururdu.

Gerçekten de **Rasûlüllâh** *(Sallâllâhu Aleyhi ve Sellem)in hadîs-i şerîflerinin ekseriyetinde bu durum mülâhaza edilmektedir, kullandığı ifâdelerden bir kısmı:*

«يَا مَعْشَرَ الْمُسْلِمِينَ»، «إِيَّاكُمْ»، «أُوصِيكَ»، «يَا أَيُّهَا النَّاسُ»، «نَضَّرَ اللَّهُ عَبْدًا»، «اسْتَحْيُوا»، «يَا غُلَامُ»

AHLÂK-I NEBÎ

"Ey Müslümanlar topluluğu!", "Sakının!", "Sana vasiyet ediyorum!", "Ey insanlar!", "Allâh bir kulun yüzünü parlatsın ki...", "Allâh'tan utanın!" ve "Ey çocuk!" şeklindedir.

Rasûlüllâh *(Sallâllâhu Aleyhi ve Sellem)* **insanlar içerisinde dünyâdan az bir şeye en çok kanâat eden kimse idi ve az bir şeyin kendisine yeterli olması bakımından insanların (hiç güçlük çıkarmaksızın) en kolay davrananı idi.**

Nitekim kendisine bir kaşık yiyecek ve bir avuç kalitesi düşük hurma bile yeterli gelmekteydi.

Rasûlüllâh *(Sallâllâhu Aleyhi ve Sellem)* **halâya girmek istediği zaman Allâh-u Teʿâlâ'dan çok utanırdı hattâ hayâsının şiddetinden dolayı ridâsıyla yüzünü gizlerdi. Zaten toprak kendisinden çıkan her şeyi yutuverirdi.**

Fahr-i Kâinat Efendimiz (Sallâllâhu Aleyhi ve Sellem)in Allâh-u Teʿâlâ'dan çok utandığı bilinmektedir, bu yüzden hiçbir vakit avretini açmamıştır.

İmam-ı Suyûtî *(Rahimehullâh)* *el-Hasâisu'l-kübrâ* isimli kitabında bu konuyla alâkalı bâzı rivâyetleri zikretmiştir.

Rasûlüllâh *(Sallâllâhu Aleyhi ve Sellem)* **ümmetine karşı insanların en şefkatlisi idi ve:**

« اَللّٰهُمَّ لَا تُرِنِي فِي أُمَّتِي سُوءًا »

"Ey Allâh! Bana ümmetim içerisinde bir fenâlık gösterme" derdi.

Hakk Te'âlâ da O'na bu şekilde muâmele ettiği için, O'nu vefat ettirene kadar kendisine ümmetinde hiçbir kötülük göstermedi.

Nitekim **Taberânî** ve **Beyhakî**'nin **Ebû Hureyre** *(Radıyallâhu Anh)*dan rivâyetlerine göre kendisi:

« إِنَّمَا أَنَا رَحْمَةٌ مُهْدَاةٌ »

"Ben ancak çokça hidâyet eden büyük bir rahmetim" buyurmuştur.

Rasûlüllâh *(Sallâllâhu Aleyhi ve Sellem)* **dünyâ ziynetinden gözlerini yumardı, bu nedenle onun hiçbir süsüne asla göz uzatmadı.**

AHLÂK-I NEBÎ

Nitekim **Tirmizî**'*nin* **İbni Ömer** *(Radıyallâhu Anhümâ)dan rivâyetine göre* **Rasûlüllâh** *(Sallâllâhu Aleyhi ve Sellem) onun omuzunu tutarak:*

» كُنْ فِي الدُّنْيَا كَأَنَّكَ غَرِيبٌ، أَوْ عَابِرُ سَبِيلٍ، وَعُدَّ نَفْسَكَ مِنْ أَهْلِ الْقُبُورِ «

"Sen dünyâda sanki gurbette olan biriymişsin yâhut yoldan geçen biriymişsin gibi ol ve kendini kabir ehlinden say" buyurmuştur.

Rasûlüllâh *(Sallâllâhu Aleyhi ve Sellem)* **gözlerin hâin bakışından mâsum (korunmuş) idi.** *Hayatı boyunca kimseye kötü gözle bakmadı.*

Rasûlüllâh *(Sallâllâhu Aleyhi ve Sellem)* **cünüplük veya başka bir nedenle yıkanırken örtünmeye riâyet ederdi, Allâh-u Azze ve Celle'den hayâsı nedeniyle asla çıplak yıkanmadı. Kazâ-i hâcete çıkmak istediğinde şahs-ı şerîfi görünmesin diye insanlardan uzağa giderdi ya da duvar ve benzeri şeylerle örtünürdü.**

Sahîh rivâyetlerde zikredildiği üzere **Rasûlüllâh** *(Sallâllâhu Aleyhi ve Sellem)* **çocukluğunda Kâbe'nin îmârı için amcası Abbâs** *(Radıyallâhu Anh)la* **taş taşımıştır.**

AHLÂK-I NEBÎ

Bu esnâda taşı peştemaline koyunca peştemali açılmış, peştemalini tekrar kapatıncaya kadar geçen kısa bir zaman içerisinde utancından bayılıp yere düşmüştür.

Rasûlüllâh *(Sallâllâhu Aleyhi ve Sellem)* **ne bulursa** (şerî'ata uygun olması şartıyla) **giyerdi. Bâzen bir şal, bâzen Yemen işi bir omuz atkısı, bâzen de yün bir cübbe gibi mübah olan giysilerden bulduğunu giyerdi.**

Birisi O'na bir elbise giydirdiği zaman (şerî'ata uygun olmak şartıyla) **genişse de darsa da, onun şeklini değiştirmezdi.**

Bir kere yenleri dar olan bir cübbe giymişti, mübârek elini cübbenin yeninden ancak zorlukla çıkarabiliyordu. Bu nedenle abdest alırken ellerini yıkamak için onları cübbenin içinden çıkarıp öyle abdest alıyordu.

İşte bu da **Rasûlüllâh** *(Sallâllâhu Aleyhi ve Sellem)in işi zora sokmayan ve rahat hareket eden biri olduğunu göstermektedir.*

Rasûlüllâh *(Sallâllâhu Aleyhi ve Sellem)* **kölesini ve arkadaşını bineğinde redif yapardı** (ardına oturturdu).

Bâzen de kendisi ortada bulunup, önüne ve ardına Hasen, Hüseyin ve Câ'fer'in çocukları *(Rıdvânullâhi Te'âlâ Aleyhim Ecmaîn)* gibi küçük çocukları oturturdu.

Nitekim **Abdullâh ibni Câ'fer** *(Radıyallâhu Anhümâ) şöyle anlatmıştır:* "**Rasûlüllâh** *(Sallâllâhu Aleyhi ve Sellem) bir seferden döndüğü zaman ilk olarak ehl-i beytinin çocuklarını karşılardı.*

Bir kere yolculuktan döndüğünde beni önüne oturttu sonra **Fâtıma** *(Radıyallâhu Anhâ)nın iki oğlundan biri getirilince onu ardına oturttu, böylece biz üç kişi bir binek üzerinde bulunarak Medîne'ye girdik."*

İşte bundan da anlıyoruz ki bir insanın, ardına adam oturtmasının câizlik durumu, bineğin tahammülü nisbetindedir.

Rasûlüllâh *(Sallâllâhu Aleyhi ve Sellem)* **bulduğu her türlü hayvana; bâzen ata, bâzen deveye, bâzen eşeğe, bâzen katıra binerdi.**

Bâzen de Medîne'nin en ücrâ köşesindeki hastaları ziyâret etmek için üstüne şal almadan yalın ayak yürüdüğü olurdu.

AHLÂK-I NEBÎ

Rasûlüllâh *(Sallâllâhu Aleyhi ve Sellem)* **hoş kokuyu severdi, kötü kokudan ise hiç hoşlanmazdı.**

Nitekim **Taberî** ve **Beyhakî**, **Vâil** *(Radıyallâhu Anh)*ın şöyle anlattığını nakletmişlerdir: *"Ben* **Rasûlüllâh** *(Sallâllâhu Aleyhi ve Sellem)le musâfaha ederdim ve hâlen elimde O'nun kokusunu hissediyorum, gerçekten de o miskten daha hoş kokardı."*

Ebû Nu'aym ve **Beyhakî**, **Âişe** *(Radıyallâhu Anhâ)*nın şöyle anlattığını nakletmişlerdir: *"***Rasûlüllâh** *(Sallâllâhu Aleyhi ve Sellem)in mübârek eli ipekten daha yumuşaktı, avucu sanki bir attarın (kokucunun) avucu idi. Koku sürse de sürmese de bu böyleydi.*

Bir kişiyle musâfaha ettiğinde, o kişi gün boyu O'nun kokusunu hissederdi. Mübârek elini bir çocuğun başına koysa, o çocuk diğerleri arasında kokusuyla fark edilirdi.

Rasûlüllâh *(Sallâllâhu Aleyhi ve Sellem)* **fakirlerle, yoksullarla ve hizmetçilerle birlikte yemek yerdi. Hattâ yoksulların elbiselerindeki, sakallarındaki ve başlarındaki bitleri bile ayıklardı.**

Nitekim **Ebû Musâ** *(Radıyallâhu Anh)*ın rivâyetine göre kendisi:

«لَنْ تُؤْمِنُوا حَتَّى تَرْحَمُوا»

"Biribirinize acımadıkça aslâ îman etmiş olamazsınız" buyurduğunda, O'na:

«كُلُّنَا نَرْحَمُ»

*"Ya **Rasûlellâh** hepimiz merhamet ederiz"* denilince,

«إِنَّهُ لَيْسَ بِرَحْمَةِ أَحَدِكُمْ صَاحِبَهُ وَلٰكِنَّهَا رَحْمَةُ الْعَامَّةِ»

"Şüphesiz ki o (benim bahsettiğim merhamet), sizin birinizin arkadaşına acıması değildir, lâkin o genele acımaktır" buyurdu.

Rasûlüllâh *(Sallâllâhu Aleyhi ve Sellem)* **fazîlet ehli kimselere mertebelerinin farklılığı nisbetinde değer verir, şerefli insanları da, kendilerine iyilik ederek kendisine ülfet ettirirdi (alıştırırdı).**

AHLÂK-I NEBÎ

Nitekim **Bezzâr** *ve* **Taberânî**'*nin,* **Ebû Hureyre** *(Radıyallâhu Anh)dan rivâyetine göre* **Rasûlüllâh** *(Sallâllâhu Aleyhi ve Sellem), kendi elinden tutan bir adam elini çekmedikçe ondan elini çekmezdi, dizleri, kendisiyle oturanın dizinden daha ilerde görünmezdi, kendisiyle musâfaha edene mutlaka yüzüyle yönelir sonra o sözünü bitirmedikçe ondan yüzünü döndürmezdi.*

Taberânî, Amr ibni'l-Âs *(Radıyallâhu Anh)ın şöyle anlattığını rivâyet etmiştir:* "**Rasûlüllâh** *(Sallâllâhu Aleyhi ve Sellem) yüzünü ve hitâbını toplulukta bulunanların en şerlisine yöneltirdi, böylece onu ısındırmaya çalışırdı. Yüzünü ve sözünü bana yöneltmeye başlayınca kendimi topluluğun en hayırlısı olarak düşündüm.*

Sonra '**Ya Rasûlellâh!** *Ben mi daha hayırlıyım yoksa* **Ebû Bekir** *mi?' diye sorduğumda,* '**Ebû Bekir**' *buyurdu.*

Ben '**Yâ Rasûlellâh!** *Ben mi daha hayırlıyım yoksa* **Ömer** *mi?' diye sorunca,* '**Ömer**' *buyurdu.*

O zaman ben '**Yâ Rasûlellâh!** *Ben mi daha hayırlıyım yoksa* **Osman** *mı?' diye sorunca,* '**Osman**' *buyurdu.*"

Tirmizî ve İbni Mâce'de, Buhârî'nin de el-Edebü'l-müfred isimli eserinde Ali (Radıyallâhu Anh)dan rivâyet edildiğine göre; Ammâr (Radıyallâhu Anh) Rasûlüllâh (Sallâllâhu Aleyhi ve Sellem)in huzûruna girmek için izin istediğinde onun sesini tanıdı ve:

«مَرْحَبًا بِالطَّيِّبِ الْمُطَيَّبِ»

"Tertemiz olan ve tertemiz kılınan kişiye merhaba" diye ona iltifatta bulundu.

Rasûlüllâh *(Sallâllâhu Aleyhi ve Sellem)* akrabasına değer verirdi fakat onları kendilerinden üstün olanlara karşı tercih etmezdi.

Rasûlüllâh *(Sallâllâhu Aleyhi ve Sellem)* kimsenin sözünü kesmezdi.

Bir kimse O'na karşı eziyet gerektiren bir muâmele yapsa da, O ne sözle, ne de başka bir davranışla kimseye kaba bir davranışta bulunmazdı.

Bir kişinin mâzereti geçersiz olsa bile, Rasûlüllâh *(Sallâllâhu Aleyhi ve Sellem)* özür dileyenin mâzeretini kabul ederdi ve (Hâkim'in, el-Müstedrek'teki rivâyetine göre):

«مَنْ أَتَاهُ أَخُوهُ مُتَنَصِّلًا مِنْ ذَنْبٍ فَلْيَقْبَلْ ذٰلِكَ مُحِقًّا كَانَ أَوْ مُبْطِلًا، فَإِنْ لَمْ يَفْعَلْ لَمْ يَرِدْ عَلَىَّ الْحَوْضَ»

"Kimin (din) kardeşi bir suçtan özür dilemek üzere kendisine gelirse, o kişi mâzeretinde haklı da olsa, haksız da olsa, o onun özrünü kabul etsin, eğer bunu yapmazsa Havz'ın başında benim yanıma gelemez" buyururdu.

Rasûlüllâh *(Sallâllâhu Aleyhi ve Sellem)* **kadınlarla ve çocuklarla şakalaşırdı, ama haktan başka bir şey söylemezdi.** (Tirmizî'nin Hasen-i Basrî *(Radıyallâhu Anh)*dan rivâyetine göre) **bir kere tebessüm ederek yaşlı bir kadına:**

«لَا يَدْخُلُ الْجَنَّةَ عَجُوزٌ»

"Cennete kocakarı girmeyecek buyurdu", (bu doğru bir sözdü) **çünkü cennet ehlinin kadınları kocalarına sevgi gösteren bâkireler olacaktır.**

Nitekim **Hârice ibni Zeyd** *(Radıyallâhu Anhümâ)nın rivâyetine göre, babası* **Zeyd ibni Sâbit** *(Radıyallâhu Anh)in yanına bir cemâat gelerek ona:*

AHLÂK-I NEBÎ

"**Rasûlüllâh** *(Sallâllâhu Aleyhi ve Sellem)in* bâzı hallerini bize anlatır mısın?" dediklerinde, o şöyle anlatmıştır:

"Size ne anlatayım ki? Ben O'nun komşusuydum. Kendisine vahiy nâzil olunca beni çağırtırdı, ben de vahyi yazardım. Biz dünyâdan bahsetsek O da bizimle birlikte dünyâdan bahsederdi, biz âhireti ansak O da bizimle beraber onu konuşurdu, yemekten bahsetsek, O da onu bizimle birlikte konu ederdi. İşte size ondan bütün bunları nakledebilirim."

Buhâri ve **Müslim**'de **Enes** *(Radıyallâhu Anh)ın* şöyle dediği nakledilmiştir: "**Rasûlüllâh** *(Sallâllâhu Aleyhi ve Sellem)* bizimle şakalaşır ve latîfe yapardı hattâ benim kardeşime kuşunun ne yaptığını bile sorardı."

Cübeyr ibni Mud'ım *(Radıyallâhu Anh)ın* rivâyetine göre **İbni Vâkıf** adındaki âmâ birini ziyârete giderken:

« اِنْطَلِقُوا بِنَا إِلَى ابْنِ وَاقِفٍ نَزُورُ الْبَصِيرَ »

"**Gelin şu İbni Vâkıf'a gidelim, şu gözleri iyi göreni ziyâret edelim**" derdi.

Rasûlüllâh *(Sallâllâhu Aleyhi ve Selem)*in gülmesi, hiçbir yüksek ses bulunmaksızın sâdece tebessümden ibâretti.

Nitekim **İmâm-ı Ahmed**'*in,* **Câbir ibni Semura** *(Radıyallâhu Anh)dan rivâyetine göre:* "**Rasûlüllâh** *(Sallâllâhu Aleyhi ve Sellem) sessizliği uzun süren ve çok az gülen biriydi. Ashâbı O' nun yanında şiir söyleyerek ve kendi özel işlerinden bahsederek gülerlerdi, O ise bâzen tebessüm ederdi.*

Rasûlüllâh *(Sallâllâhu Aleyhi ve Sellem)* **mübah olan oyunları meşrû görür, onları reddetmezdi.**

Nitekim **Ebû Dâvûd** *ve* **Ahmed**, **Âişe** *(Radıyallâhu Anhâ)nın şöyle anlattığını rivâyet etmişlerdir;* "*Ben henüz genç ve zayıfken* **Rasûlüllâh** *(Sallâllâhu Aleyhi ve Selem) ile birlikte bir yolculuğa çıktım, o insanları önden gönderdi, sonra bana:*

» تَعَالَيْ حَتَّى أُسَابِقَكِ «

"*Gel seninle yarışayım*" *buyurdu. Yarışmada ben onu geçince sessiz kaldı.*

Bir zaman sonra ben yaşlanıp şişmanladığımda yine bir yolculuğa çıkmıştık, insanları yine önden gönderdikten sonra:

« تَعَالَيْ أُسَابِقْكِ »

"Gel seninle yarışayım" buyurdu. Bu sefer o beni geçince gülmeye başladı ve:

« هٰذِهِ بِتِلْكِ »

"İşte bu ona karşılıktır" buyurdu.

Rasûlüllâh *(Sallâllâhu Aleyhi ve Sellem)*e **karşı bedevîler yüksek sesle kaba sözler sarfediyorlardı, O ise buna tahammül ediyordu.**

Buhâri ve Müslim, Enes (Radıyallâhu Anh)ın şöyle anlattığını rivâyet etmişlerdir:

"Bir keresinde **Rasûlüllâh** *(Sallâllâhu Aleyhi ve Sellem)in yanında yürüyordum, O'nun üzerinde* **Necran** *işi, kenarı çok kalın bir elbise vardı. Bir bedevî gelerek elbiseyi öyle bir çekti ki, ben* **Rasûlüllâh** *(Sallâllâhu Aleyhi ve Sellem)in boynunda elbisenin iz bıraktığını gördüm.*

Sonra o bedevî: 'Yâ **Muhammed, Allâh***'ın senin yanında bulunan malından bana bir miktar verilmesini emret' dedi.*

Rasûlüllâh *(Sallâllâhu Aleyhi ve Sellem)* de ona doğru döndü ve kendisine bir şeyler verilmesini emretti."

Rasûlüllâh *(Sallâllâhu Aleyhi ve Sellem)* kötülüğe kötülükle karşılık vermezdi, lâkin affederdi ve görmezden gelirdi.

Nitekim Uhud günü müşrikler mübârek yüzünü yaraladıklarında:

» اَللّٰهُمَّ اهْدِ قَوْمِي فَإِنَّهُمْ لَا يَعْلَمُونَ «

"Ey Allâh! Kavmimi hidâyet et. Çünkü onlar bilmiyorlar" diye duâ etmiştir.

Ancak **Allâh**'ın haramları işlendiği zaman **Allâh-u Te'âlâ**'nın tâyin ettiği had cezâlarının tatbîki husûsunda müsâmahalı davranmazdı.

Rasûlüllâh *(Sallâllâhu Aleyhi ve Sellem)*in **hizmetçilerinden ve câriyelerinden ayrı olarak sâdece kendisine mahsus bir kabı yoktu.**

Bilakis kendisi onlara karşı tevâzûlu davranmak ve ümmeti içerisinde bulunan kibirlilere şerî'atı öğretmek için herkesle birlikte bir kaptan yerdi.

AHLÂK-I NEBÎ

Nitekim **Buhârî** *ve* **Müslim**, **Enes** *(Radıyallâhu Anh)ın şöyle anlattığını rivâyet etmişlerdir:*

"Rasûlüllâh (Sallâllâhu Aleyhi ve Sellem)e on sene hizmet ettim, bana bir kere bile 'Üf' demedi, yaptığım bir şey için 'Niye yaptın?', Yapmadığım her hangi bir şey için de 'Niye yapmadın?' demedi."

Ebû Nu'aym *da onun şöyle dediğini rivâyet etmiştir:*

"Rasûlüllâh (Sallâllâhu Aleyhi ve Sellem) bana hiç hakâret etmedi, bir kere bile bana vurmadı, beni hiç kovmadı, suratıma hiç kötü bakmadı, bir emrini geciktirecek olsam bana sitem dahi etmedi. Âilesinden biri bana sitem edecek olsa:

« دَعَوْهُ، لَوْ قُدِّرَ شَيْءٌ كَانَ »

"Ona ilişmeyin, bir şey takdir edilseydi olurdu" buyururdu."

Rasûlüllâh *(Sallâllâhu Aleyhi ve Sellem)* **kendisini dâvet eden herkesin yemeğine icâbet ederdi, tanıdığı ve tanımadığı bütün Müslümanların cenâzelerinde bulunurdu.**

AHLÂK-I NEBÎ

*Nitekim **İmâm-ı Ahmed**'in, **Abdullâh ibni Kays** (Radıyallâhu Anh)dan; **Tirmizî** ve **Neseî**'nin de **Enes** (Radıyallâhu Anh)dan, rivâyetine göre* **Rasûlüllâh** *(Sallâllâhu Aleyhi ve Sellem) ensârı çok ziyâret ederdi, özel ziyâret yapacaklarının evine giderdi, umûmî ziyâret yapacaklarının ise mescitte yanlarına giderdi. Onların çocuklarına selâm verirdi ve başlarını sıvazlardı.*

Rasûlüllâh *(Sallâllâhu Aleyhi ve Sellem)***in câriyeleri ve hizmetçileri bulunurdu. Yiyecek ve içecek hususunda onlara âit olan rızıklardan daha değerlisini kendisi yiyip içmezdi.**

Rasûlüllâh *(Sallâllâhu Aleyhi ve Sellem)* **gece gündüz Rabbinin ibâdetine yöneliciydi.**

O'nun vakitleri ya Allâh-u Azze ve Celle için bir tâat işlemekte ya da faydası kendisine ve Müslümanlara dönecek olan zarûrî işlerde geçerdi.

Nitekim siyer kitaplarını düşünerek okuyan herkese bu konu açıkça belirir.

Rasûlüllâh *(Sallâllâhu Aleyhi ve Sellem)* **ashâbının bostanlarına gider, onların meyvalarından yerdi.**

AHLÂK-I NEBÎ

Kendisi bizzat odun toplar ve tevâzuundan dolayı kendisi bizzat odunları evine taşırdı.

Nitekim **Ahmed, İbni Hıbbân ve İbni Sa'd**'ın **Âişe** *(Radıyallâhu Anhâ)dan* rivâyetine göre:

"**Rasûlüllâh** *(Sallâllâhu Aleyhi ve Sellem)* elbisesinin söküğünü diker, nâlinlerini tâmir eder, kovasını onarır, koyununu sağar, kendi hizmetini kendi görür ve erkeklerin evlerinde yaptıkları her şeyi yapardı."

Rasûlüllâh *(Sallâllâhu Aleyhi ve Sellem)* **fakirliği yüzünden hiçbir yoksulu hakir görmezdi.**

Mülkünden sebep hiçbir kraldan çekinmezdi, şunu da bunu da (herkesi) **aynı dâvetle Allâh-u Azze ve Celle'ye çağırırdı.**

Rasûlüllâh *(Sallâllâhu Aleyhi ve Sellem)* **mutlak mânâda Allâh'ın yarattıklarının en merhametlisiydi ve ümmetinin dîni**(ni muhâfaza) **adına onların en şefkatlisiydi.**

Rasûlüllâh *(Sallâllâhu Aleyhi ve Sellem)***in dilinden bir kimsenin tenkiti südûr etse ona duâ etmek için:**

AHLÂK-I NEBÎ

«اَللّٰهُمَّ اجْعَلْهَا عَلَيْهِ طَهُورًا وَكَفَّارَةً وَرَحْمَةً»

"**Ey Allâh! Onu** (benim bu tenkitimi) **ona bir temizleyici, bir keffâret ve rahmet yap**" derdi.

Rasûlüllâh *(Sallâllâhu Aleyhi ve Sellem)* **ne ayıplı bir kadına, ne bir hizmetçiye, ne de bir deveye lânet okumamıştır.**

Kendisinden bir kimseye bedduâ etmesi istendiğinde ona bedduâ etmekten vazgeçip, kendisine duâ ederdi.

Rasûlüllâh *(Sallâllâhu Aleyhi ve Sellem)* **ne bir kadına, ne bir hizmetçiye, ne de başkalarına asla vurmamıştır.**

Ancak cihatta birine vurmuşsa bu müstesnâ.

Ya da (zîna edene vurulan yüz sopa gibi) **Allâh-u Te'âlâ'nın had cezâlarından bir cezâyı tatbik ederken, kendisine sopa vurulanı günahından arındırmak** (o günahın sebebiyet vereceği âhiret azâbından kurtarmak) **için sopa vurmakla görevli kişiye dayak atmasını emretmişse, bu da müstesnâ.**

Rasûlüllâh *(Sallâllâhu Aleyhi ve Sellem)* bir kere bir hizmetçisini çağırdığında, kendisine icâbet etmeyince:

»وَاللهِ لَوْلَا خَشْيَةُ الْقِصَاصِ يَوْمَ الْقِيَامَةِ
لَأَوْجَعْتُكَ بِهٰذَا السِّوَاكِ«

"Allâh'a yemin olsun ki, kıyâmet günü kısas olunacağımdan korkmasam, elbette bu misvakla senin canını acıtırdım" buyurdular.

Rasûlüllâh *(Sallâllâhu Aleyhi ve Sellem)*e herhangi bir hür yâhut köle veya câriye ya da yoksul gelse ve kendisine bir hâcetini arzetse, o isteği Medîne'nin en ücrâ köşesinde yâhut Medîne dışındaki köylerin birinde dahi olsa, o kişinin hatırını yapmak için mutlaka onunla birlikte kalkar gider ve o isteğini yerine getirirdi.

Nitekim ***Buhari*** ve ***Müslim***'in Enes *(Radıyallâhu Anh)*dan rivayetine göre kendisi:

» اَلسَّاعِي عَلَى اْلأَرْمِلَةِ وَالْمِسْكِينِ
كَالْمُجَاهِدِ فِي سَبِيلِ اللهِ «

AHLÂK-I NEBÎ

"Dulların ve yoksulların ihtiyaçlarını görmeye çalışan kimse Allâh yolında cihâd eden gibidir" buyururdu.

Rasûlüllâh *(Sallâllâhu Aleyhi ve Sellem)* **hiçbir yatağı beğenmezlik etmezdi. Kendisi için bir şey yaysalar, onun üzerine otururdu ve uzanırdı. O'na bir şey yaymadıklarında ise yere oturur ve yere uzanırdı.**

Rasûlüllâh *(Sallâllâhu Aleyhi ve Sellem)* **ashâbının tamamına karşı halim, selim ve yumuşak huyluydu. Asla kaba ve katı değildi, sokaklarda bağırıp çağıran biri de değildi.**

Rasûlüllâh *(Sallallâhu Aleyhi ve Sellem)***in karşısına Müslümanlardan kim çıksa ilk başta kendisi onu selâmla karşılardı.**

Rasûlüllâh *(Sallâllâhu Aleyhi ve Sellem)***in elinden biri tutacak olsa, o şahıs ayrılana kadar Rasûlüllâh** *(Sallallâhu Aleyhi ve Sellem)* **onunla birlikte yürümeyi sürdürürdü.**

Rasûlüllâh *(Sallâllâhu Aleyhi ve Sellem)* **ashabdan kiminle karşılaşsa musâfaha eder, sonra parmaklarını onun parmaklarına kenetler ve Arapların âdeti üzere elini sıkıca tutardı.**

AHLÂK-I NEBÎ

Rasûlüllâh *(Sallâllâhu Aleyhi ve Sellem)* bir meclisten kalkarken de otururken de mutlaka Allâh-u Azze ve Celle'nin zikri üzere bulunurdu.

Rasûlüllâh *(Sallâllâhu Aleyhi ve Sellem)* namaz kılarken yanına biri gelse, namazını kısa keserek selam verir ve ona:

« أَلَكَ حَاجَةٌ »

"Bir isteğin var mı?" diye sorardı.

O kişi 'Hayır' diyecek olursa, namazına geri dönerdi, ama bir ihtiyâcı varsa, ya bizzat kendisi ya da vekîli aracılığıyla onun işini görürdü.

Rasûlüllâh *(Sallâllâhu Aleyhi ve Sellem)*in oturuşunun ekserîsi ihtibâ şeklindeydi, yani iki dizini dikip elleriyle onları kavrardı.

Rasûlüllâh *(Sallâllâhu Aleyhi ve Sellem)* bir meclise girdiğinde boş bulduğu son noktada otururdu.

Bu nedenle ashâbı arasında özel bir yeri olmakla tanınmazdı.

AHLÂK-I NEBÎ

Enes *(Radıyallâhu Anh)* şöyle demiştir: "Rasûlüllâh *(Sallâllâhu Aleyhi ve Sellem)* herhangi bir kimsenin yerini darlatacak olduğu zaman asla ayaklarını uzatır vaziyette görülmemiştir ancak yer genişse ayaklarını uzatırdı."

Rasûlüllâh *(Sallâllâhu Aleyhi ve Sellem)* ashâbı arasında belli bir mekan imtiyazıyla tanınmaz olduğundan dolayı, bir bedevî gelip O'na dîniyle alâkalı bir şey soracak olsa O'nu tanıyamayacağı için insanlara O'nu sormak sorunda kalırdı.

Bundan dolayı sahâbe-i kiram *(Rıdvânullâhi Aleyhim Ecmaîn)* **Rasûlüllâh** *(Sallâllâhu Aleyhi ve Sellem)*i belirgin kılacak ve bir bedevî gelip O'na bir şey soracağı zaman O'nu kendisine tanıtacak birine ihtiyaç hissetirmeyecek bir şey yapma husûsunda konuşmaya başladılar.

İşte böylece onların görüşü, Rasûlüllâh *(Sallâllâhu Aleyhi ve Sellem)* için topraktan yüksek bir yer yapmak husûsunda birleşti, daha sonra onun üzerine hurma yapraklarından bir hasır döşediler. Bundan sonra Rasûlüllâh *(Sallâllâhu Aleyhi ve Sellem)* vefât edinceye kadar onun üzerine oturdu.

Rasûlüllâh *(Sallallâhu Aleyhi ve Sellem)*in oturuşu ekserî kıbleye doğru olurdu ve kendisi:

« هُوَ سَيِّدُ الْمَجَالِسِ »

"Oturuşların efendisi budur" buyururdu. Ashâbı da O'nun huzûrunda halaka kurarak otururlardı.

Rasûlüllâh *(Sallâllâhu Aleyhi ve Sellem)* yanına giren herkese değer verirdi ve altında bulunan minderi ona teklif ederdi. Eğer o kişi kabûl etmemekte ısrar ederse, o kabûl edinceye kadar Rasûlüllâh *(Sallâllâhu Aleyhi ve Sellem)* ona ısrar ederdi.

Çoğu kere kendisiyle arasında hiçbir tanışıklık ve akrabalık bulunmayan kimseler için bile elbisesini ya da cübbesini yayarak onu onun üzerine oturturdu ki, böylece onun kalbini İslâma ısındırmayı hedeflerdi.

Rasûlüllâh *(Sallâllâhu Aleyhi ve Sellem)* misâfirden hiçbir şeyi esirgemezdi, bilakis bulduğu her şeyi ona sunardı. Bâzen ikrâm edecek bir şey bulamazsa, hatırını hoş etmek için kendisinden özür dilemeye başlardı.

AHLÂK-I NEBÎ

Rasûlüllâh *(Sallâllâhu Aleyhi ve Sellem)* **çoğu kere dâvet edilmeden de ashâbının evlerine giderdi.**

Onlar meclisine gelmez oldukları zaman ne halde olduklarını araştırırdı. Onlardan birinde soğukluk farkederse ona hediye gönderirdi.

Rasûlüllâh *(Sallâllâhu Aleyhi ve Sellem)* **Hasen ve Hüseyin** *(Radıyallâhu Anhümâ)* **ile şakalaşırdı, bâzen onları sırtına bindirir, kendisi el ve ayaklarının üzerinde yürürdü ve:**

« نِعْمَ الْجَمَلُ جَمَلُكُمَا وَ نِعْمَ الْعِدْلَانِ أَنْتُمَا »

"Sizin bineğiniz ne güzel binek ama siz de ne güzel denksiniz (yüksünüz)" derdi.

Rasûlüllâh *(Sallâllâhu Aleyhi ve Sellem)* **bir kere Ali** *(Radıyallâhu Anh)***ın oğlu Hasen** *(Radıyallâhu Anh)***ın elinden tuttu ve ayaklarını kendi dizlerinin üzerine koydu, bir yandan da:**

« حُزُقَّةٌ حُزُقَّةٌ تَرَقَّ عَيْنَ بَقَّةٍ »

"Ey küçük adam! Ey kısa adam! (Göğsüme doğru) çık bakalım, ey sinek gözü (gibi küçük gözlü adam)!" demeye başladı. **Ebû Hureyre** *(Radıyallâhu Anh)* **böyle anlatırdı.**

Rasûlüllâh *(Sallâllâhu Aleyhi ve Sellem)* yanında oturan herkese mübârek yüzünün güleçliğinden nasîbini verirdi.

O derece güler yüzlü idi ki, kendisiyle oturan herkes, O'nun katında kendisinin diğer bütün ashâbından daha değerli olduğunu sanıverirdi.

Rasûlüllâh *(Sallâllâhu Aleyhi ve Sellem)* ashâbına ("Ey felanın babası" gibi) künyeler takardı ve onlara değer vermek, hem de kalplerini kendisine meylettirmek için onlara künyeleriyle hitâb eder ve kendilerini o künyelerle çağırıdı.

Çocuklu ve çocuksuz olan kadınlara ayrı ayrı künyeler takardı.

Kalplerini ısındırmak için çocuklara da künyeler takardı.

Rasûlüllâh *(Sallâllâhu Aleyhi ve Sellem)* insanlar içinde en geç kızan ve en çabuk memnun olan bir zattı.

Kendisi insanların insanlara en şefkatlisi, insanların insanlara en hayırlısı ve insanların insanlara en faydalısıydı.

AHLÂK-I NEBÎ

Rasûlüllâh *(Sallâllâhu Aleyhi ve Sellem)* **oturduğu meclisten kalktığı zaman:**

» سُبْحَانَكَ اللّٰهُمَّ وَبِحَمْدِكَ أَشْهَدُ أَنْ لَا إِلٰهَ إِلَّا أَنْتَ أَسْتَغْفِرُكَ وَأَتُوبُ إِلَيْكَ «

"Ey Allâh! Seni tesbih ederim ve Sana hamdederim.

Senden başka hiçbir ilah bulunmadığına şâhitlik ederim. Senden mağfiret dilerim ve Sana tevbe ederim" derdi. Sonra:

» عَلَّمَنِيهِنَّ جِبْرِيلُ عَلَيْهِ السَّلَامُ هُنَّ كَفَّارَةٌ لِمَا وَقَعَ فِي ذٰلِكَ الْمَجْلِسِ «

"Bunları bana Cibril (Aleyhisselâm) öğretti. İşte bunlar(ı okumak), *o mecliste vukû bulan* (bütün günah)*lar için keffârettirler"* buyururdu.

Rasûlüllâh *(Sallâllâhu Aleyhi ve Sellem)* **az konuşan ve sözünü cömertçe sarfeden biriydi. Dinleyenlere anlatmak için sözünü iki kere veya daha fazla tekrarlardı.**

Rasûlüllâh *(Sallâllâhu Aleyhi ve Sellem)***in konuşmaları dizili boncuklar gibi** (akıcı) **idi.**

AHLÂK-I NEBÎ

Bir konu, O'nu örfe göre çirkin kabul edilen şeyleri anlatmaya mecbur bırakacak olduğu zaman, bu gibi şeyleri kinâyeli konuşur ve her türlü çirkin sözü açıkça ifâde etmekten yüz çevirirdi.

Rasûlüllâh *(Sallâllâhu Aleyhi ve Sellem)* **selâm verdiği zaman üç kere selâm verirdi.**

Rasûlüllâh *(Sallâllâhu Aleyhi ve Sellem)* **çok ağlayan biriydi, sanki bir musîbetle yeni karşılaşmış gibi gözleri sürekli yaş dökerdi.**

Enes *(Radıyallâhu Anh)* **şöyle anlatmıştır: "Bir kere güneş tutulduğunda Rasûlüllâh** *(Sallâllâhu Aleyhi ve Sellem)* **(küsüf) namaz(ın)da sesli sesli ağlamaya başladı, bir yandan da:**

« يَا رَبِّ أَلَمْ تَعِدْنِي أَنْ لَا تُعَذِّبَهُمْ وَأَنَا فِيهِمْ،

وَأَنْ لَا تُعَذِّبَهُمْ وَهُمْ يَسْتَغْفِرُونَ،

وَنَحْنُ نَسْتَغْفِرُكَ يَا رَبِّ »

"Ya Rabbi! Sen bana, ben onların arasında bulunuyorken onlara azâb etmeyeceğini ve onlar istiğfâr ederlerken onlara azâb etmeyeceğini vâad etmemiş miydin.

AHLÂK-I NEBÎ

Ya Rabbi! İşte biz de Senden mağfiret taleb etmekteyiz" diyordu.

Rasûlüllâh *(Sallâllâhu Aleyhi ve Sellem)*in ashâbının O'nun yanındaki gülüşleri sessiz bir tebessümden ibâretti ki, O'na tâzimde bulunmak ve ittibâ etmek için böyle yaparlardı.

Onlar Rasûlüllâh *(Sallâllâhu Aleyhi ve Sellem)*in huzûrunda bulundukları zaman, O'nun heybet ve vakarını gözettiklerinden dolayı başlarının üzerinde kuş varmış gibi sakin dururlardı.

Rasûlüllâh *(Sallâllâhu Aleyhi ve Sellem)* kendisine vahiy inmesi yâhut kıyâmet gününü hatırlaması veya bir vaaz hutbesi îrad etmesi gibi özel halleri dışında insanların en fazla tebessüm edeniydi.

Rasûlüllâh *(Sallâllâhu Aleyhi ve Sellem)*in başına bir iş geldiği zaman, o konuda (maksadına ulaştıracak bütün sebepleri ve imkanları kullandıktan sonra) **işini Allâh-u Azze ve Celle'ye ısmarlar, O'ndan hidâyet bulmayı ve O'na uymayı, dalâletten uzaklaşıp sakınmayı niyâz eder, kendi gücünü ve kuvvetini görmekten dâima uzak dururdu.**

Rasûlüllâh *(Sallâllâhu Aleyhi ve Sellem)***in en sevdiği yemek, üzerinde ellerin en çok olduğu yemekti.**

Rasûlüllâh *(Sallâllâhu Aleyhi ve Sellem)* **yemek için bir köle gibi oturur ve namaz kılan kimse**(nin tahiyattaki oturuşu) **gibi dizleriyle ayaklarının arasını birleştirirdi. Ancak bir diz diğer dizin üstünde, bir ayak da diğer ayağın üzerinde olurdu** (birini diker, diğerini yatık bırakırdı). **Zaten kendisi çoğu kere:**

« إِنَّمَا أَنَا عَبْدٌ آكُلُ كَمَا يَأْكُلُ الْعَبْدُ

وَ أَجْلِسُ كَمَا يَجْلِسُ الْعَبْدُ »

"Ben ancak (Allâh'ın) köle(si)yim, o halde bir kölenin yediği gibi yerim, bir kölenin oturduğu gibi de otururum" buyururdu.

Rasûlüllâh *(Sallâllâhu Aleyhi ve Sellem)* **çok sıcak yemek yemezdi ve:**

« إِنَّهُ غَيْرُ ذِي بَرَكَةٍ فَأَبْرِدُوهُ،

وَإِنَّ اللهَ لَا يُطْعِمُنَا نَارًا »

AHLÂK-I NEBÎ

"O bereketsizdir, o halde onu serinletin. Şüphesiz ki Allâh bize ateş yedirmemiştir" buyururdu.

Rasûlüllâh *(Sallâllâhu Aleyhi ve Sellem)* **önüne gelen taraftan yerdi ve üç parmağıyla yerdi.** Bâzen dördüncü parmaktan yardım aldığı da olurdu. Ama asla iki parmakla yemezdi ve:

« إِنَّهُ فِعْلُ الشَّيْطَانِ »

"Şüphesiz o şeytan işidir" buyururdu.

Rasûlüllâh *(Sallâllâhu Aleyhi ve Sellem)* **salatalığı yaş hurma ve tuzla birlikte yerdi. Yaş meyvalar içinde kendisine en sevgili olanlar yaş hurma ve üzümdü.**

Rasûlüllâh *(Sallâllâhu Aleyhi ve Sellem)* **karpuzu ekmekle ve şekerle birlikte yerdi, bâzen de onu yaş hurmayla beraber yerdi. Bunları yerken iki elinden de yardım alırdı.**

Rasûlüllâh *(Sallâllâhu Aleyhi ve Sellem)* **üzümü salkımından tutup tâneleri ağzıyla alıp, salkımını bırakmak sûretiyle yerdi.**

AHLÂK-I NEBÎ

Ondan damlayan sular mübârek sakalında inci tâneleri gibi görünürdü.

Rasûlüllâh *(Sallâllâhu Aleyhi ve Sellem)*in en çok yediği yemek hurma ile suydu. Hurma ile sütü de birlikte yerdi ve onları:

«اَلْأَطْيَبَيْنِ»

"En temiz iki yiyecek" diye isimlendirirdi.

Rasûlüllâh *(Sallâllâhu Aleyhi ve Sellem)*in en sevdiği yiyecek etti ve:

«إِنَّهُ يَزِيدُ فِي السَّمْعِ وَهُوَ سَيِّدُ الطَّعَامِ فِي الدُّنْيَا وَالْآخِرَةِ»

"Gerçekten o, duyma gücünü arttırır, dünyâda ve âhirette yiyeceklerin efendisi de ancak odur" buyururdu.

Rasûlüllâh *(Sallâllâhu Aleyhi ve Sellem)* sürekli et yemeyi hoş karşılamazdı ve:

«إِنَّهُ يُقَسِّي الْقَلْبَ»

"Gerçekten o(nu sürekli yemek) kalbi katılaştırır" buyururdu.

Rasûlüllâh *(Sallâllâhu Aleyhi ve Sellem)* **tiridi et ve kabakla birlikte yerdi. Kabağı çok severdi ve:**

« إِنَّهُ شَجَرَةُ أَخِي يُونُسَ »

"Muhakkak ki o, Yunus kardeşimin (balığın karnından çıktığında sineklere karşı koruyucusu olan) **ağacıdır"** buyururdu.

Çok kere Âişe *(Radıyallâhu Anhâ)***ya:**

« إِذَا طَبَخْتِ دُبَّاءً فَأَكْثِرِي مِنْ مَرَقَتِهَا فَإِنَّهُ يَشُدُّ الْقَلْبَ الْحَزِينَ »

"Kabak pişirdiğin zaman (suyunu bol katarak) **çorbasını bolca yap, çünkü gerçekten o, üzüntülü kimsenin kalbine kuvvet verir"** buyururdu.

Rasûlüllâh *(Sallâllâhu Aleyhi ve Sellem)* **bir câriyenin ya da yoksulun dâvetine icâbetten büyüklenmezdi, kim çağırsa:**

« لَبَّيْكَ »

"Buyur" derdi.

AHLÂK-I NEBÎ

Rasûlüllâh *(Sallâllâhu Aleyhi ve Sellem)* **nefsi için öfkelenmezdi** (ve intikam almazdı). **Ancak Allâh-u Azze ve Celle'nin haramları çiğnendiği zaman gazaba gelirdi.** (Gazaba geldiğinde ise öfkesinin karşısında kimse duramazdı.)

Rasûlüllâh *(Sallâllâhu Aleyhi ve Sellem)* **nerede olursa olsun velev ki kendisine veya ashâbına zararı dokunacak olsun, yine de her yerde hakkı icrâ ederdi.**

Rasûlüllâh *(Sallâllâhu Aleyhi ve Sellem)* **açlıktan karnına taş bağlardı. Fakat açlığını bilirlerse üzülürler diye, kendilerinden bu meşakkati kaldırmak için bu hâlini ashâbından ve hâne halkından gizlerdi.**

Rasûlüllâh *(Sallâllâhu Aleyhi ve Sellem)* **ne bulsa yerdi. Helal olan şeylerden kendisine takdim edilen hiçbir şeyi geri çevirmezdi.**

Rasûlüllâh *(Sallâllâhu Aleyhi ve Sellem)* **helal olan hiçbir yiyecekten sakınmazdı, bilakis ümmetine genişlik yapmak için bulduğu her helali yerdi; ekmeksiz sâde hurma bulsa yâhut kızartılmış bir et bulsa yerdi veya buğday ekmeği bulsa yâhut da arpa ekmeği bulsa yerdi ya da helva veya bal bulsa yerdi.**

Ekmeksiz süt bulacak olsa onu yer, onunla yetinir ve:

$$ « لَيْسَ شَيْءٌ يُجْزِي عَنِ الطَّعَامِ $$
$$ وَ الشَّرَابِ غَيْرُ اللَّبَنِ » $$

"Sütten başka hem yiyecek hem de içecek olarak yeterli gelen hiçbir şey yoktur" buyururdu.

Rasûlüllâh *(Sallâllâhu Aleyhi ve Sellem)* karpuz, yaş hurma, tavuk eti ve avlanılmış olan kuş eti yerdi.

Rasûlüllâh *(Sallâllâhu Aleyhi ve Sellem)* avlanılmış bir hayvanı satın almazdı ve kendisi de avlamazdı fakat kendisi için av yapılmasını severdi ve kendisine getirilse de onu yese diye isterdi.

Rasûlüllâh *(Sallâllâhu Aleyhi ve Sellem)* et yediği zaman başını ete doğru eğmez, aksine onu ağzına doğru kaldırıp öyle yerdi.

Rasûlüllâh *(Sallâllâhu Aleyhi ve Sellem)* ekmekle birlikte eritilmiş yağ yerdi.

Rasûlüllâh *(Sallâllâhu Aleyhi ve Sellem)* koyunun kol ve omuz kısmını severdi.

Âişe *(Radıyallâhu Anhâ)* **şöyle derdi:**

"**Rasûlüllâh** *(Sallâllâhu Aleyhi ve Sellem)*in **en sevdiği yer kol kısmı değildi, ancak kendisi eti çok az kere bulabildiği için en çabuk pişen kısım da kol olduğu için kendisine ilk önce kol eti takdim edilirdi.**

Rasûlüllâh *(Sallâllâhu Aleyhi ve Sellem)* **kabak yemeğinden hoşlanırdı.**

Rasûlüllâh *(Sallallâhu Aleyhi ve Sellem)* **hurma çeşitleri içerisinde Acve'yi severdi.**

Kendisi Acve hakkında bereket duâsında bulunmuş ve:

« إِنَّهَا مِنَ الْجَنَّةِ وَشِفَاءٌ مِنَ السَّمِّ وَالسِّحْرِ »

"**Şüphesiz ki o, cennettendir ve zehire de, büyüye de şifâdır**" **buyurmuştur.**

Rasûlüllâh *(Sallâllâhu Aleyhi ve Sellem)* **yeşilliklerden hindibayı, rezene otunu ve semiz otunu severdi.**

Rasûlüllâh *(Sallâllâhu Aleyhi ve Sellem)* **böbrekleri yemeyi, idrar yatağı oldukları için kerih görürdü.**

AHLÂK-I NEBÎ

Rasûlüllâh *(Sallâllâhu Aleyhi ve Sellem)* koyunun yedi yerini; erkek ve dişisinin tenâsül uzuvlarını, hayalarını, kanını, idrar torbasını, safra kesesini ve bezelerini yemezdi. Başkasının da bunları yemesini mekruh sayardı ama yasaklamazdı.

Rasûlüllâh *(Sallâllâhu Aleyhi ve Sellem)*:

« أَطْيَبُ اللَّحْمِ لَحْمُ الظَّهْرِ »

"En temiz et sırt etidir" buyururdu.

Rasûlüllâh *(Sallâllâhu Aleyhi ve Sellem)* sarımsak, soğan ve pırasa yemezdi ama **Ali** *(Radıyallâhu Anh)*a:

« يَا عَلِيُّ كُلِ الثُّومَ نَيِّئًا فَإِنَّهُ شِفَاءٌ مِنْ سَبْعِينَ دَاءً لَوْلَا الْمَلَكُ يَأْتِينِي لَأَكَلْتُهُ »

"Ey Ali! Sarımsağı çiğ ye, çünkü o yetmiş derde devâdır. Bana melek geliyor olmasaydı elbette ben de onu yerdim" buyurmuştur.

Rasûlüllâh *(Sallâllâhu Aleyhi ve Sellem)* hiçbir yemeği tenkit etmemiştir. Bilakis canı çektiyse yemiştir, değilse bırakmıştır.

AHLÂK-I NEBÎ

Rasûlüllâh *(Sallâllâhu Aleyhi ve Sellem)*in el-Ğarrâ adında dört halkalı bir kazanı vardı ki, onu dört kişi aralarında taşımaktaydı.

Rasûlüllâh *(Sallâllâhu Aleyhi ve Sellem)*in, ahşap ayaklı bir sâ'ı (2.917 grama tekābul eden bir ölçeği), **bir müddü** (yaklaşık 18 litrelik bir ölçeği), **bir de sediri vardı.**

Rasûlüllâh *(Sallâllâhu Aleyhi ve Sellem)*in (fildişi) bir kutusu vardı ki, aynası, tarağı, misvağı, makası ve cımbızı ona konurdu.

Rasûlüllâh *(Sallâllâhu Aleyhi ve Sellem)*in yedi adet sağmal dişi keçisi vardı ki, kendisi için onları Ümmü Eymen *(Radıyallâhu Anhâ)* adındaki dadısı sağmaktaydı.

Rasûlüllâh *(Sallâllâhu Aleyhi ve Sellem)* kelerden ve dalaktan hoşlanmazdı ama haram da kılmazdı.

Bu hususta:

«إِنَّ الضَّبَّ لَمْ يَكُنْ بِأَرْضِ قَوْمِي فَأَجِدُنِي أَعَافُهُ»

"Benim kavmimin topraklarında keler bulunmazdı onun için kendimi ondan tiksinir buluyorum" buyururdu.

AHLÂK-I NEBÎ

Dalağa gelince, onu da bedenin kirlerinin toplandığı yer olduğu için kerih görmüştür. **Rasûlüllâh** *(Sallâllâhu Aleyhi ve Sellem)* parmaklarıyla çanağı yalar (sünnetler) ve:

« آخِرُ الطَّعَامِ أَكْثَرُ بَرَكَةً »

"Yemeğin en bereketli olan kısmı sonudur" buyururdu ve kendisi parmaklarını kızarıncaya kadar yalardı. Parmaklarını birer birer yalamadıkça mendile silmezdi ve:

« إِنَّهُ لَا يُدْرِي فِي أَيِّ الْأَصَابِعِ الْبَرَكَةُ »

"Bereket hangi parmaktadır bilinmez" buyururdu.

Rasûlüllâh *(Sallâllâhu Aleyhi ve Sellem)* özellikle eti ekmekle birlikte yediği zaman ellerini suyla çok iyi yıkardı, sonra artan suyu yüzüne sürerdi.

Rasûlüllâh *(Sallâllâhu Aleyhi ve Sellem)* içtiği zaman kabın içine nefes vermezdi, bilakis yüzünü kaptan döndürerek nefes verirdi.

Rasûlüllâh *(Sallâllâhu Aleyhi ve Sellem)*e bir kere içerisinde süt ve bal bulunan bir kap getirdiklerinde onu içmekten geri durdu ve:

AHLÂK-I NEBÎ

«شِرْبَتَانِ فِي شِرْبَةٍ وَإِدَامَانِ فِي إِنَاءٍ وَاحِدٍ لَا حَاجَةَ لِي بِهِمَا، أَمَا إِنِّي لَا أُحَرِّمُ ذٰلِكَ وَلٰكِنِّي أَكْرَهُ الْفَخْرَ بِفُضُولِ الدُّنْيَا وَالْحِسَابَ عَلٰى ذٰلِكَ، وَأُحِبُّ التَّوَاضُعَ لِرَبِّي ﷻ فِي جَمِيعِ أَحْوَالِي فَإِنَّ مَنْ تَوَاضَعَ لِلّٰهِ رَفَعَهُ اللّٰهُ»

"Bir meşrubat içerisinde iki şerbet ve bir kap içerisinde iki katık olursa, benim bunlara ihtiyâcım olmaz.

Ama ben bunları haram etmiyorum lâkin dünyâ bakımından fazlalıkla övünme (sebebi olacak böyle bir şe)yi ve bundan dolayı hesaba çekilmeyi kerih görüyorum.

Ben bütün hallerimde Rabbim Azze ve Celle için tevâzulu olmayı seviyorum çünkü kim Allâh için tevâzu gösterirse Allâh onu yüksek eder" buyurmuştur.

Rasûlüllâh *(Sallâllâhu Aleyhi ve Sellem)* evinde bulunurken bile, bir çadır içinde kendisine has bölmede bulunan bâkire bir kızdan daha utangaçtı.

AHLÂK-I NEBÎ

Hâne halkından hiçbir yemek istemezdi ve canı çektiği her hangi bir yemeği onlara söylemezdi.

Kendisine ne yedirseler, daha önce hiç yedirmedikleri bir şey olsa bile (alışık olmadığı için canı çekmediği halde) az da olsa onu yerdi ve ("Siz de yiyin" buyurarak) başkasına da yedirirdi.

Rasûlüllâh *(Sallâllâhu Aleyhi ve Sellem)* çoğu zaman bizzat kendi kalkar ve yiyeceğini içeceğini kendi alırdı.

Rasûlüllâh *(Sallâllâhu Aleyhi ve Sellem)* sarık sardığı zaman sarığını iki omzunun arasına sarkıtırdı.

Bâzı zamanlarda sarkıttığı ucunu, sarığın içine sokardı. Bâzı vakitlerde ise hiç sarkıtmadığı olurdu. Bâzıları böyle demiştir.

Cumhûra göre ise; **Rasûlüllâh** *(Sallâllâhu Aleyhi ve Sellem)* vefât edinceye kadar sarığın kuyruğunu sarkıtmayı terk etmemiştir.

Rasûlüllâh *(Sallâllâhu Aleyhi ve Sellem)*in kolunun yeni bileğe kadardı ki, bilek; el ayasıyla dirsek arasındaki mafsaldır.

Rasûlüllâh *(Sallâllâhu Aleyhi ve Sellem)* kaftan ve entârinin üzerine giyilen yenleri genişce cübbe gibi elbiseler giymiştir, yolculuğunda yenleri dar cübbe de giymiştir.

Rasûlüllâh *(Sallâllâhu Aleyhi ve Sellem)*e kendi elbiselerinin şekline benzemeyen bir giysi hediye edildiği zaman, onun şeklini değiştirmezdi, bilakis ümmetine genişlik olsun diye onu olduğu şekliyle giyerdi.

Nitekim yenleri dar olan cübbede böyle yapmıştır.

Rasûlüllâh *(Sallâllâhu Aleyhi ve Sellem)*in altı arşın uzunluğunda ve üç arşın eninde ridâsı (üst giysisi) **vardı.**

Rasûlüllâh *(Sallâllâhu Aleyhi ve Sellem)*'in izârı (peştemali), **dört arşın, bir karış uzunluğunda ve iki arşın, bir karış enindeydi.**

Rasûlüllâh *(Sallâllâhu Aleyhi ve Sellem)* kendisinde kırmızı ve yeşil çizgiler bulunan hırkalar giyinirdi ama hâlis kırmızı giyinmeyi yasaklardı.

Rasûlüllâh *(Sallâllâhu Aleyhi ve Sellem)*in şalvarları vardı.

AHLÂK-I NEBÎ

Rasûlüllâh *(Sallallâhu Aleyhi ve Sellem)* insanların Nâsûme adını verdikleri nâlinleri giyerdi.

Rasûlüllâh *(Sallâllâhu Aleyhi ve Sellem)*in iki yeşil hırkası bulunmaktaydı ki, cuma ve bayram namazlarını onları giyinerek kıldırırdı.

Bâzı âlimler şöyle demiştir: **Rasûlüllâh** *(Sallâllâhu Aleyhi ve Sellem)* hâlis yeşil bir hırka aslâ giymemiştir. Cumada ekserî beyaz elbise giyinmiştir.

Rivâyetlerde geçen "İki yeşil hırka" ifâdesi ise o hırkalarda yeşil çizgiler bulunduğuna delâlet etmektedir.

Rasûlüllâh *(Sallâllâhu Aleyhi ve Sellem)* yüzük takardı ve onun taşını elinin içine doğru tutardı.

Rasûlüllâh *(Sallâllâhu Aleyhi ve Sellem)* bâzen ridâsını yüzüne örterdi, bâzen de böyle yapmazdı. İnsanların bugün taylasan veya beşenga adını verdikleri şekil budur.

Rasûlüllâh *(Sallâllâhu Aleyhi ve Sellem)* ve ashâbının en çok giydikleri kıyâfetler, pamuk elbiselerdi.

Rasûlüllâh *(Sallâllâhu Aleyhi ve Sellem)*in kalın pamuktan dokunmuş bir sarığı vardı.

Rasûlüllâh *(Sallâllâhu Aleyhi ve Sellem)* bugün Mısır beldelerinde bulunan Faslıların yaptığı gibi, çoğu zaman sarığını çenesinin altından dolardı.

Bir keresinde **Rasûlüllâh** *(Sallâllâhu Aleyhi ve Sellem)* yünden bir hırka giyinmişti, onda koyun kokusu olduğunu hissedince onu bıraktı.

Enes *(Radıyallâhu Anh)*ın beyân ettiğine göre; **Rasûlüllâh** *(Sallâllâhu Aleyhi ve Sellem)* vefât ettiği zaman kendisi için dokumacıda dokunmakta olan bir hırka ısmarlanmıştı.

Rasûlüllâh *(Sallâllâhu Aleyhi ve Sellem)* hoş kokuyu severdi, pis kokuyu sevmezdi.

Rasûlüllâh *(Sallâllâhu Aleyhi ve Sellem)* kızartılmış ciğerden yerdi.

Rasûlüllâh *(Sallâllâhu Aleyhi ve Sellem)* hâne halkıyla birlikte olduğu zaman, güzel ahlâkından ve iyi geçiminden dolayı hizmet hususunda sanki onlardan biri gibi davranırdı.

Âişe *(Radıyallâhu Anhâ)* şöyle derdi:

"Ahlâk bakımından Rasûlüllâh *(Sallâllâhu Aleyhi ve Sellem)*den daha güzel hiçbir kimse bulunmamıştır. Ben bir şey istediğim zaman o işte kendisi bana uyardı. Ben tulumdan su içtiğimde onu alır ağzını benim ağzımı koyduğum yere koyarak ordan içerdi.

Çoğu kere ben hayızlıyken benden arta kalan kemik üzerindeki eti ısırırdı. Ben hayızlıyken çoğu kere koynuma yaslanıp Kur'ân okurdu."

Rasûlüllâh *(Sallâllâhu Aleyhi ve Sellem)*in koyunları vardı. Fakat koyunlarının sayısının yüzü geçmesini istemezdi, artış olursa fazla geleni keserdi.

Rasûlüllâh *(Sallâllâhu Aleyhi ve Sellem)* alışveriş yapardı, lâkin satmaktansa satın alması daha çok vukû bulurdu.

Rasûlüllâh *(Sallâllâhu Aleyhi ve Sellem)* peygamber olmadan önce koyun bakma vazîfesinde kendisini ücretle çalıştırmıştı.

Yine böylece ticâret kafilesinde kendisi Hadîce *(Radıyallâhu Anhâ)*nın ücretli işcisi olarak sefere çıkmıştı.

AHLÂK-I NEBÎ

Rasûlüllâh *(Sallâllâhu Aleyhi ve Sellem)* **bâzen rehin vererek, bâzen vermeyerek borç almıştır, emânet aldığı da olmuştur, emânetin başına bir şey gelecek olsa tazmin de etmiştir.** Kendisine âit bir araziyi de vakfetmiştir.

Kendisi, yaratıklar içerisinde Rabbine en çok tâzim eden biri olduğu halde, (yemin etme hususunda) **ümmetine genişlik olsun diye seksen mevziden daha çok yerde Allâh-u Te'âlâ adına yemin etmiştir.**

Böyle yaparken O'nun kastı bu konuda ümmetine bir genişlik yapmak olmasaydı Allâh-u Te'âlâ'ya saygısından dolayı asla O' nun adına yemin etmezdi.

Rasûlüllâh *(Sallâllâhu Aleyhi ve Sellem)* **bâzen yemininde istisnâda bulunmuş** (inşâallâh diyerek yeminine şerh getirmiş), (bâzen daha hayırlı bir şey için yeminini bozarak) **onun keffâretini ödemiştir. Bir diğer keresinde de yeminini bozmayarak geçerli kılmıştır.**

Rasûlüllâh *(Sallâllâhu Aleyhi ve Sellem)* **kendisini metheden bir şâiri şiirinden dolayı mükâfatlandırırdı ama bir diğeri hakkında bu mükâfâtı vermezdi.**

AHLÂK-I NEBÎ

Şâirlerin medhiyeler hususunda cesâretlenerek mübâlağaya kaçmalarından, bunun da haksız yere yalan konuşmaya sebebiyet vermesinden çekindiği için böyle yapardı.

Bir kere kendisi meddahların suratına toprak saçılmasını emretmişti ki, bunun mânâsı; methedilen kimse parmaklarıyla yerden bir miktar toprak alıp sonra onu methedenin önünde bulunan toprağa atacak, bir yandan da ona:

"Sen bundan yaratılan kişi hakkında niye övgüler yağdırıyorsun ki?" diyecek demektir, yoksa bâzılarının yanlış anladığı gibi şâirin suratına toprak atarak ona bununla eziyet verecek demek değildir.

Rasûlüllâh *(Sallâllâhu Aleyhi ve Sellem)* düşmanın harp hilelerini anlamak için güreş yapardı. Bâzılarının rivâyet ettiği üzere Rükâne *(Radıyallâhu Anh)*la da güreş tutmuştur.

Rasûlüllâh *(Sallâllâhu Aleyhi ve Sellem)*in elbisesinde bit olmazdı fakat (kendisi) fakirlerin (işlerini görmek için onlarla çok oturduğundan, onların) evlerinden elbisesine sıçrayan bitleri bizzat kendisi ayıklardı.

Rasûlüllâh *(Sallâllâhu Aleyhi ve Sellem)* **namaza giderken insanların en güzel ve en çabuk yürüyeniydi.** O derece ki, kendisi o yolda yorgunluk hissetmeksizin ve toprak kaldırmaksızın yokuştan inercesine süzülürdü.

Rasûlüllâh *(Sallâllâhu Aleyhi ve Sellem)***in ashâbı O'nun önünde yürürlerdi.** O arkalarında kalarak:

« دَعُوا ظَهْرِي لِلْمَلاَئِكَةِ »

"Sırtımı meleklere bırakın" buyururdu.

Rasûlüllâh *(Sallâllâhu Aleyhi ve Sellem)* **yolculuğa çıktığı zaman yoldan ayrı kalanları tâkip edip, durumlarına bakmak için ashâbının arkasında dururdu.**

Rasûlüllâh *(Sallâllâhu Aleyhi ve Sellem)***in elbiselerinin tamâmı topuklarının üzerinde sıvanmış olurdu.** Uzun ise ortasını bağlardı ama ekserî ahvâlinde elbiselerini kısa kestirdiği için topuğuna kadar sıvamaya ihtiyaç hissetmezdi.

Rasûlüllâh *(Sallâllâhu Aleyhi ve Sellem)***in peştemali topuklarının üstünde olup, baldırlarının yarısına gelirdi.**

AHLÂK-I NEBÎ

Rasûlüllâh *(Sallâllâhu Aleyhi ve Sellem)*in entârisinin düğmeleri kapalı olurdu. Bâzen bilindik düğmeler kullanırdı, bâzen kürdan gibi şeylerle, bâzen de iğneyle önünü kapattığı olurdu. Bâzen de namaz içerisinde düğmesini iliklediği olmuştur.

Rasûlüllâh *(Sallallâhu Aleyhi ve Sellem)*in zâ'feranla (safranla) boyalı bir yatak çarşafına dolandığı olurdu. Bâzı kere sırf ona dolanarak insanlara namaz kıldırdığı olmuştur. Bâzen üzerinde başka hiçbir şey bulunmaksızın sâdece siyah ya da çizgili bir elbise giyinmiştir.

Rasûlüllâh *(Sallâllâhu Aleyhi ve Sellem)* yamalı elbise de giyerdi ve:

« إِنَّمَا أَنَا عَبْدٌ أَلْبَسُ كَمَا يَلْبَسُ الْعَبْدُ »

"Ben ancak bir kulum ve bir kulun giyindiği gibi giyinirim" buyururdu.

Rasûlüllâh *(Sallâllâhu Aleyhi ve Sellem)*in cuma dışındaki elbiseleri hâricinde, geride geçtiği gibi cumaya özel iki elbisesi bulunmaktaydı.

Bâzen üzerinde başka hiçbir şey bulunmaksızın tek bir elbise giyinir, onun iki ucunu omuzları arasında düğümlerdi. Bâzen bu vaziyette insanlara cenâze namazı kıldırdığı olmuştur.

Bâzen bu vaziyette evinde kendi başına kıldığı da olmuştur. (Bütün bunlar başka elbise bulamadığı zamanlardadır.)

Çarşaf geniş olduğu zaman onun tümüne dolanırdı. Bâzen o çarşaf, o gün kendisinde cimâ etmiş bulunduğu (halde kendisinde bir necâset bulunmayan) **çarşaf da olabilirdi.**

Bâzen gece namaz kılarken beline peştemal bağlar, saçaklı tarafını kendisine ridâ yapar, uzun olduğu için kalan kısmını da yanında bulunduğu hanımının üzerine atarak öylece namaz kılardı. Fakat çarşaf çok uzun olduğu için kendisinin rukû ve secde hareketleriyle kımıldamazdı.

Bir kere yanında siyah bir elbise bulunmaktaydı ki, başka giyeceği hiçbir şey de yoktu, o durumda bir şahıs onu kendisine giydirmesini isteyince Rasûlüllâh *(Sallâllâhu Aleyhi ve Sellem)* **onu ona giydirdi.**

AHLÂK-I NEBÎ

Rasûlüllâh *(Sallâllâhu Aleyhi ve Sellem)* in zâ'feranla boyalı yatak çarşafı vardı ki, kendisiyle birlikte hanımlarının evlerine taşınırdı.

Yanında gecelediği eşi o çarşafı nöbet sırası gelen diğer eşine gönderirdi, o da ona su serperdi, böylece zâ'feran kokusu açığa çıkardı da Rasûlüllâh *(Sallâllâhu Aleyhi ve Sellem)* nöbeti gelen eşiyle birlikte o çarşaf içerisinde uyurdu.

Rasûlüllâh *(Sallâllâhu Aleyhi ve Sellem)* çoğu kere evinden çıktığında parmağında yüzüğüne bağlanmış bir ip bulunurdu ki böylece kendisi, unutmamak istediği şeyi hatırlamaya çalışırdı.

Rasûlüllâh *(Sallâllâhu Aleyhi ve Sellem)* gönderdiği mektuplara mühür vurur ve:

« اَلْخَاتَمُ عَلَى الْكِتَابِ خَيْرٌ مِنَ التُّهْمَةِ »

"Mektubu mühürlemek (mektubu kimin gönderdiği husûsunda) töhmete düşülmesinden daha iyidir" buyururdu.

Rasûlüllâh *(Sallâllâhu Aleyhi ve Sellem)* sarık altına takke giyerdi.

Bâzen (namaz dışında) **sarık kullanmaksızın takke giyerdi.**

Bâzen de (namazda önüne sütre yapacak başka bir şey bulamayınca) **başındaki takkeyi çıkarır önüne sütre olarak koyardı.**

Takkesi yün idi, bâzen de içi doldurulmuş pamuk takke kullanırdı.

Ulemânın beyânına göre bu rivâyetten anlaşıldığı üzere Rasûlüllâh *(Sallâllâhu Aleyhi ve Sellem)***in bu takkesinin uzunluğu bir arşının üçte ikisi kadardı ki, namaz kılan için sütre olması geçerli olabilsin.**

Rasûlüllâh *(Sallâllâhu Aleyhi ve Sellem)***in** (bulut mânâsına gelen) **Sehâb adında bir sarığı vardı ki, onu Ali** *(Radıyallâhu Anh)***a hediye etmişti.**

Bâzen Ali *(Radıyallâhu Anh)* **o sarık başındayken çıkagelince:**

« أَتَاكُمْ عَلِيٌّ فِي السَّحَابِ »

"Ali size sehab içerisinde geldi" buyururdu.

Rasûlüllâh *(Sallâllâhu Aleyhi ve Sellem)*in uzunluğu iki küsur arşın kadar, eni ise bir arşın ve bir karış olan, içi hurma lifi dolu deriden bir döşeği vardı.

Rasûlüllâh *(Sallâllâhu Aleyhi ve Sellem)*in iki kat katlanan ve gittiği her yere taşınan bir abası vardı ki, o kendisi için döşenir, kendisi de onun üzerine otururdu.

Bir kere **Âişe** *(Radıyallâhu Anhâ)* onu kendisi için dört kat olarak kıvırmıştı.

Rasûlüllâh *(Sallâllâhu Aleyhi ve Sellem)* o gece virdini yapabilmek için ilk vaktinde uyanamayınca:

« أَعِيدُوهَا طَاقَيْنِ فَإِنَّ لِينَهَا أَوْ وَطْأَهَا كَادَ أَنْ يَمْنَعَنِي قِيَامَ لَيْلَتِي »

"Onu iki kata döndürün, çünkü onun yumuşaklığı az kaldı benim gece ibâdetime mâni olacaktı" buyurdu.

Rasûlüllâh *(Sallâllâhu Aleyhi ve Sellem)* çoğu kere üzerinde hiçbir şey bulunmayan sâde bir hasır üstünde uyurdu.

Rasûlüllâh *(Sallâllâhu Aleyhi ve Sellem)*in çömlekten bir ibriği vardı ki, ondan hem abdest alırdı, hem de su içerdi.

İnsanlar buluğa ermemiş olan çocuklarını gönderirler, onlar da **Rasûlüllâh** *(Sallâllâhu Aleyhi ve Sellem)*in yanına girerken hiçbir engelle karşılaşmazlardı. Çocuklar o ibrikte bir su bulurlarsa bir miktar içerler, bereket arama kastıyla bir kısmını da yüzlerine ve vücutlarına sürerlerdi.

Rasûlüllâh *(Sallâllâhu Aleyhi ve Sellem)* sabah namazını kıldığı zaman meclisinde oturur, Medîne'nin hizmetçileri, içerisinde su bulunan kaplarını getirirler ve kendisinden mübârek elini kaplarının içerisine sokmasını isterlerdi, O da bunu yapardı. Bâzen çok soğuk bir sabahta kendisine gelirlerdi ama O onların hatırı için mübârek elini yine suya sokardı.

Rasûlüllâh *(Sallâllâhu Aleyhi ve Sellem)*in mübârek ağzından veya burnundan bir şey çıktığı zaman insanlar O'nun ağzından ve burnundan çıkan şeyleri avuçlarıyla almak için birbirleriyle yarışırlardı.

AHLÂK-I NEBÎ

Bu yüzden hiçbir atığı yere düşmezdi. sahâbe-i kiram Rasûlüllâh *(Sallâllâhu Aleyhi ve Sellem)* den çıkan mübârek atıklarla yüzlerini ve derilerini ovalarlardı. Böylece onlar kıyâmet günü kendilerine ateş değmemesini arzularlardı. Ashâbı O'nun uzuvlarını yıkadığı abdest suyunun kendilerine değmesi için birbirleriyle âdetâ savaşırlardı.

Ashâbı O'nun yanında başlarını öne eğerek heybet ve vakarla bulunurlar ve kısık sesle konuşurlardı.

Rasûlüllâh *(Sallâllâhu Aleyhi ve Sellem)* e karşı olan tâzim ve hürmetlerinden dolayı da Rasûlüllâh *(Sallâllâhu Aleyhi ve Sellem)* e keskin bir nazarla bakış atamazlardı (ancak kaçamak bakışlarla bakabilirlerdi).

Rasûlüllâh *(Sallâllâhu Aleyhi ve Sellem)* kendisine eziyet edenlere eziyet etmezdi. Mâlâyâni (kendisine faydası olamayacak şeyler hakkında) konuşmazdı, kimseyi gıybet etmezdi, kimsenin başına gelen bir musîbete sevinmezdi.

Birisi Rasûlüllâh *(Sallâllâhu Aleyhi ve Sellem)* e aşırı eziyet yapacak olsa sabredip katlanır ve ona misliyle mukābelede bulunmazdı.

Çoğu kere de:

« رَحِمَ اللهُ أَخِي مُوسَى لَقَدْ أُوذِيَ بِأَكْثَرَ مِنْ هٰذَا فَصَبَرَ »

"Allâh Mûsa kardeşime rahmet etsin. O bundan daha fazla eziyete uğratıldı ama sabretti" buyururdu.

Rasûlüllâh *(Sallâllâhu Aleyhi ve Sellem)* kendisine ashâbı hakkında kötü haber ulaştıran kimseleri sevmezdi ve:

« لَا تُبَلِّغُونِي عَنْ أَصْحَابِي إِلَّا خَيْرًا فَإِنِّي بَشَرٌ أَغْضَبُ كَمَا يَغْضَبُ الْبَشَرُ »

"Bana ashâbımdan ancak hayırlı haber ulaştırın, çünkü ben de bir beşerim, bir beşer kızdığı gibi ben de gazaplanabilirim" buyururdu.

Bir kere ashâbı arasında bir taksimat yapmıştı, yanlarından ayrıldığı zaman topluluk içerisinden bir şahıs:

"Bu bir taksimdir ki, bununla Allâh'ın rızâsı kastedilmemiştir" deyiverdi.

AHLÂK-I NEBÎ

Rasûlüllâh *(Sallâllâhu Aleyhi ve Sellem)* geri döndüğünde başka bir şahıs ona kendisi hakkında söylenen sözü bildirince:

» لَا تُبَلِّغُونِي عَنْ أَصْحَابِي إِلَّا خَيْرًا فَإِنِّي أُحِبُّ أَنْ أَخْرُجَ إِلَيْكُمْ وَأَنَا سَلِيمُ الصَّدْرِ «

"Bana ashâbımdan hayırdan başka bir şey ulaştırmayın, çünkü ben isterim ki sizin yanınıza çıkarken kalbim selim olsun (kimseye karşı içimde bir kızgınlık barındırmayayım)" buyurdu.

Rasûlüllâh *(Sallâllâhu Aleyhi ve Sellem)* birinin uygunsuz bir şey yaptığını gördüğü zaman hemen onu reddetmeye kalkışmazdı, lâkin ağırdan alıp bakar, eğer onun câhil olduğunu görürse yumuşaklık ve merhametle ona doğruyu öğretirdi.

Nitekim bir Bedevî mescide girip idrar yapınca **Rasûlüllâh** *(Sallâllâhu Aleyhi ve Sellem)* onun idrarını yarıda kestirmek isteyen ashâbını engellemek üzere:

» إِنَّمَا بُعِثْتُمْ مُيَسِّرِينَ وَلَمْ تُبْعَثُوا مُعَسِّرِينَ «

"Siz ancak kolaylaştırıcılar olarak gönderildiniz, güçlük çıkarıcılar olarak gönderilmediniz" buyurdu.

O Ârâbî idrarını bitirince kısık sesle ona:

«إِنَّمَا جُعِلَتِ الْمَسَاجِدُ لِلصَّلَاةِ وَلَمْ تُجْعَلْ لِلْبَوْلِ»

"Mescidler ancak Allâh için yapılmıştır, idrar için yapılmamıştır" buyurdu.

Rasûlüllâh *(Sallâllâhu Aleyhi ve Sellem)* kendisine palan vurulmuş olan ve üzerinde tüylü saçaklı keçe bulunan merkebe binerdi.

Çocukların yanından geçerken onlara selâm verirdi ve onlara karşı neşeli olurdu.

Bir kere huzûruna getirilen bir adam O'nun heybetinden titremeye başlayınca:

« هَوِّنْ عَلَيْكَ يَا أَخِي فَلَسْتُ بِمَلِكٍ وَلَا جَبَّارٍ إِنَّمَا أَنَا ابْنُ امْرَأَةٍ مِنْ قُرَيْشٍ كَانَتْ تَأْكُلُ الْقَدِيدَ »

"Ey kardeşim! Kendini rahatlat, ben bir hükümdar da değilim, bir zorba da değilim. Ben ancak Kureyş'e mensup, kurutulmuş et yiyen bir kadının oğluyum" buyurdu.

Rasûlüllâh *(Sallâllâhu Aleyhi ve Sellem)*i herhangi biri çağırsa üstün tevâzuundan dolayı ona mutlaka:

« لَبَّيْكَ »

"Buyur" diye icâbet ederdi.

Rasûlüllâh *(Sallâllâhu Aleyhi ve Sellem)* **ashâbıyla berâberken onların istedikleri hal üzere bulunurdu; âhiret işini konuşacak olsalar onlarla berâber konuşurdu, dünyâ işini mevzû edecek olsalar onlarla birlikte o konularda konuşurdu yâhut yiyecek içecek hakkında mevzû etseler onlarla bu konuları konuşurdu ki, bütün bunları onlara yumuşak davranmak ve gönüllerini almak için yapardı.**

Çünkü Rasûlüllâh *(Sallâllâhu Aleyhi ve Sellem)* **çok halim selim ve yumuşak huylu idi.**

Rasûlüllâh *(Sallâllâhu Aleyhi ve Sellem)*, **ashâbını ancak haram ya da mekruh olan şeylerden engellerdi** (meşrû ve mübah olan hiçbir şeyi yasaklamazdı).

Rasûlüllâh *(Sallâllâhu Aleyhi ve Sellem)* **Âişe** *(Radıyallâhu Anhâ)* **ile koşma müsâbakası yapardı ve onu geçerdi.**

AHLÂK-I NEBÎ

Onun buna sinirlendiğini görünce ağırdan alarak onun kendisini geçmesine izin verirdi.

Rasûlüllâh *(Sallâllâhu Aleyhi ve Sellem)* şişmanlık bakımından mûtedil yaratılıştaydı, sonra âhir ömründe biraz şişmanladı.

Fakat yine de mübârek etleri sıkı ve mûtedil hâline çok yakın bir vaziyette olduğundan biraz kilo almasının kendisine hiçbir zararı olmadı.

Âişe *(Radıyallâhu Anhâ)* şöyle anlatmıştır:

"**Rasûlüllâh** *(Sallâllâhu Aleyhi ve Sellem)* vefât etmeden evvel geceleyin kıldığı nâfile namazlarının çoğunu oturarak kılar olmuştu.

Kıyamdan yorulduğu zaman oturur ve oturarak kırâat yapar, rukû yapması yaklaşınca kalkar ve kendisine nasîp edilen miktarda kırâatta bulunur, sonra rukû yapardı.

Rasûlüllâh *(Sallâllâhu Aleyhi ve Sellem)* gece teheccüd namazını kısaca kıldığı iki rekatla başlatır, sonra onların ardından dilediği kadar uzun kılardı.

O kısa iki rekatı ise farzdan önce kılınan nâfile gibi kabul ederdi ve Rabbine karşı edebe riâyeten, bir de ümmetine şerî'at öğretmek için o iki rekatta çokça istiğfâr ederdi.

Rasûlüllâh *(Sallâllâhu Aleyhi ve Sellem)*in ahlâkından biri de, hayvanlarına, silahlarına ve eşyâsına isim takmaktı.

Sancağının adı el-U'kâb idi ki, bu siyahtı, diğer bir sancağı sarı, bir diğeri ise beyazdı fakat kendisinde siyah çizgiler vardı.

Çanağının adı el-Kâfur idi.

Çadırının adı el-Kinn idi.

Kamçısının adı el-Memşûk idi.

Bardağının adı er-Rayyân idi.

Matarasının adı es-Sâdir idi.

Eğerinin adı ed-Dâc idi.

Makasının adı el-Câmi' idi.

Kendisiyle harplere katıldığı kılıcının adı Zülfikār idi.

Başka kılıçları da vardı.

AHLÂK-I NEBÎ

Rasûlüllâh *(Sallâllâhu Aleyhi ve Sellem)*in deriden bir kemeri vardı ki, onda gümüşten üç halka bulunmaktaydı.

Rasûlüllâh *(Sallâllâhu Aleyhi ve Sellem)*in devesinin adı el-Kusvâ idi, kendisine el-Adbâ denilen devesi de buydu.

Katırının adı Düldül idi.

Merkebinin adı Ya'fur idi.

Sütünü içtiği koyunun adı ise Ğunye idi.

Allâh-u Te'âlâ Efendimiz Muhammed'e, âline, ashâbına, ezvâcına, zürriyyetine ve Ehl-i Beytine, zikredenler kendisini andıkça, gâfiller de kendisinden gaflet ettikçe salât ve selâm eylesin.

(Abdü'l-Vehhâb eş-Şâ'rânî, el-Ahlâku'l-metbûliyye, 1/187-213, Hasen el-'Adevî, en-Nefehâtü'ş-Şâzeliyye fî şerhi'l-Bürdeti'l-Bûsiyriyye, 1/179-190, Mâu'l-ayneyn, Na'tü'l-bidâyât ve tevsîfü'n-nihâyât, sh: 118/126)

Mevlid Ayı Anısına Bir Salevât-ı Şerîfe

İmâm-ı Suyûtî *(Rahimehullâh)* şöyle demiştir: "Her kim yedi kere:

« اَللّٰهُمَّ صَلِّ عَلٰى سَيِّدِنَا مُحَمَّدٍ صَلَاةً تُحَلُّ بِهَا الْعُقَدُ وَتُفَرَّجُ بِهَا الْكُرَبُ وَتُشْرَحُ بِهَا الصُّدُورُ وَ تُيَسَّرُ بِهَا الْأُمُورُ وَعَلٰى آلِهِ وَصَحْبِهِ وَسَلِّمْ، اَللّٰهُمَّ صَلِّ عَلٰى سَيِّدِنَا مُحَمَّدِ بْنِ عَبْدِ اللّٰهِ الْقَائِمِ بِحَقِّ اللّٰهِ عَدَدَ مَا فِي عِلْمِ اللّٰهِ صَلَاةً وَ سَلَامًا دَائِمَيْنِ يَدُومَانِ بِدَوَامِ مُلْكِ اللّٰهِ وَعَلٰى أَخِيهِ جِبْرِيلَ الْمُطَوَّقِ بِالنُّورِ وَآلِهِ وَصَحْبِهِ وَفَرِّجْ عَنِّي مَا أَهَمَّنِي إِنَّكَ عَلٰى كُلِّ شَيْءٍ قَدِيرٌ »

"Ey **Allâh**! Efendimiz **Muhammed**'e ve âl-i ashâbına öyle bir salât ve selâm et ki, onunla düğümler çözülsün, sıkıntılar açılsın, gönüller şerh olunsun ve işler kolaylaştırılsın.

Ey **Allâh**! Efendimiz olan ve **Allâh**'ın hakkını yerine getiren **Abdullâh** oğlu **Muhammed**'e, nûrla taçlanmış olan kardeşi **Cibrîl**'e ve âl-i ashâbına, **Allâh**'ın ilmindekiler sayısınca ve **Allâh**'ın mülkünün devâmıyla dâim olacak kadar salât-ü selâm eyle ve beni dertlendiren şeyleri benden aç.

Şüphesiz ki Sen, her şeye hakkıyla gücü yetensin" derse, o kişinin bütün istekleri verilir, bütün dertler ve kederler ondan kaldırılır ve bütün hayırlar ve menfaatler kendisine celbedilir.

Ayrıca bunu okuyana büyük sevâplar ihsân edilir.

(Adüsselâm el-'İmrânî, el-Kenzü's-semîn fî keşfi esrâri'd-dîn, sh:111-112)

KAYNAKÇA

1) **Adüsselâm el-'Imrânî**, *el-Kenzü's-semîn fî keşfi esrâri'd-dîn*, Dâru'l-kütübi'l-ilmiyye, Beyrut-2004.

2) **el-Beyhakî** Ebû Bekr ibni Ahmed el-Hüseyn, *Delâilü'n-nübüvve ve ma'rifetü ahvâli Sâhibi'ş-şerî'a*, (Abdülmu'tî Kal'acî tahkîkiyle), Dârü'd-Deyyân, Kâhire-1988.

3) **el-Buhârî** Ebû Abdillâh Muhammed ibni İsmâ'îl, *Sahîhu'l-Buhârî*, (Mustafa Dîbü'l-Buğâ tahkîkiyle), Dâru İbni Kesîr ve el-Yemâme, Şam-1993, 7 cild (son cildi fihrist).

4) **Fethullâh el-Bennânî**, *Fethullâh fî mevlid-i Hayr-i halkıllâh*, Dâru'l-kütübi'l-ilmiyye, Beyrut-2004.

5) **Hasen el-'Adevî**, *en-Nefehâtü'ş-Şâzeliyye fî şerhi'l-Bürdeti'l-Bûsiyriyye*, (Ahmed Ferîd el-Mezîdî tahkîkiyle), Dâru'l-kütübi'l-ilmiyye, Beyrut-2005, 3 cild (hepsi bir cild içerisinde).

6) **İbni Ebî Şeybe**, *el-Kitâbü'l-Musannef fî'l-ehâdîsi ve'l-âsâr*, (Muhammed Abdüsselâm Şâhîn tahkîkiyle), Dâru'l-kütübi'l-ilmiyye, Beyrut-1995, 9 cild (son iki cildi fihrist).

AHLÂK-I NEBÎ

7) **İbnü'l-Esîr** Ebû'l-Hasen Ali ibni Muhammed el-Cezerî, *Üsdü'l-ğâbe fî ma'rifeti's-sahâbe*, Dâru'l-fikr, Beyrut-1994, 6 cild.

8) **İbni Hacer el-Askalânî**, *el-Metâlibu'l-âliye bi zevâidi'l-mesânîdi's-semâniye*, (Habîburrahmân el-E'zamî tahkîkîyle), Dâru'l-ma'rife, Beyrut-1993, 5 cild (son cildi fihrist).

9) İslam Ansiklopedisi, Türkiye Diyânet Vakfı, İstanbul.

10) **Mâü'l-ayneyn** eş-Şenkîtî, *Na'tü'l-bidâyât ve tevsîfü'n-nihâyât*, (Halîl el-Mansûr tahkîkiyle), Dâru'l-kütübi'l-ilmiyye, Beyrut-1998.

11) **es-Se'âlibî** Abdurrahmân ibni Mahlûf, *el-Cevâhiru'l-hisân fî tefsîri'l-Kur'ân*, (Muhammed el-Fâzılî tahkîkiyle), el-Mektebetü'l-asriyye, Beyrut-1997, 3 cild.

12) **eş-Şâ'rânî** Abdülvehhâb, *el-Ahlâku'l-metbûliyye*, (Abdulhalîm Mahmud tahkîkiyle), Matbaatü Hassân, Kâhire, 3 cild.

13) **et-Tirmizî** Ebû Îsâ Muhammed ibni Îsâ, *el-Câmi'u's-Sahîh/Sünenü't-Tirmizî*, Dâru İhyâi't-türâsi'l-Arabî, Beyrut-2000/1421.

14) **et-Tirmizî** Ebû Îsâ Muhammed ibni Îsâ, *Şemâilü'l-Nebî*, (Mâhir Yâsin tahkîkiyle), Dâru'l-garbi'l-İslâmî, Beyrut-200

AHLÂK-I NEBÎ

İÇİNDEKİLER

Önsöz 5

KISMI-I EVVEL ŞEMÂİL-İ ŞERİFE 7

Rasûlüllâh *(Sallâllâhu Aleyhi ve Sellem)*in mübârek yüzü 12
Rasûlüllâh *(Sallâllâhu Aleyhi ve Sellem)*in mübârek boyu 12
Rasûlüllâh *(Sallâllâhu Aleyhi ve Sellem)*in mübârek başı 12
Rasûlüllâh *(Sallâllâhu Aleyhi ve Sellem)*in mübârek saçları 12
Rasûlüllâh *(Sallâllâhu Aleyhi ve Sellem)*in mübârek rengi 13
Rasûlüllâh *(Sallâllâhu Aleyhi ve Sellem)*in mübârek alnı 13
Rasûlüllâh *(Sallâllâhu Aleyhi ve Sellem)*in mübârek kaşları 13
Rasûlüllâh *(Sallâllâhu Aleyhi ve Sellem)*in mübârek gözleri 13
Rasûlüllâh *(Sallâllâhu Aleyhi ve Sellem)*in mübârek burnu 13
Rasûlüllâh *(Sallâllâhu Aleyhi ve Sellem)*in mübârek sakalı 13
Rasûlüllâh *(Sallâllâhu Aleyhi ve Sellem)*in mübârek yanakları 13

AHLÂK-I NEBÎ

Rasûlüllâh *(Sallâllâhu Aleyhi ve Sellem)*in mübârek dişleri.. 14
Rasûlüllâh *(Sallâllâhu Aleyhi ve Sellem)*in mübârek boynu.. 14
Rasûlüllâh *(Sallâllâhu Aleyhi ve Sellem)*in mübârek uzuvları.. 14
Rasûlüllâh *(Sallâllâhu Aleyhi ve Sellem)*in mübârek bedeni.. 14
Rasûlüllâh *(Sallâllâhu Aleyhi ve Sellem)*in mübârek karnı.. 14
Rasûlüllâh *(Sallâllâhu Aleyhi ve Sellem)*in mübârek omuzları.. 14
Rasûlüllâh *(Sallâllâhu Aleyhi ve Sellem)*in mübârek vücûdu... 15
Rasûlüllâh *(Sallâllâhu Aleyhi ve Sellem)*in mübârek kolları.. 15
Rasûlüllâh *(Sallâllâhu Aleyhi ve Sellem)*in mübârek el ayası... 15
Rasûlüllâh *(Sallâllâhu Aleyhi ve Sellem)*in mübârek elleri ve ayakları... 15
Rasûlüllâh *(Sallâllâhu Aleyhi ve Sellem)*in mübârek parmakları... 15
Rasûlüllâh *(Sallâllâhu Aleyhi ve Sellem)*in mübârek tabanları.. 15
Rasûlüllâh *(Sallâllâhu Aleyhi ve Sellem)*in mübârek yürüyüşü... 15
Rasûlüllâh *(Sallâllâhu Aleyhi ve Sellem)*in mübârek bakışı.. 16

AHLÂK-I NEBÎ

Rasûlüllâh *(Sallâllâhu Aleyhi ve Sellem)*in mübârek şemâiline bakmanın fazîleti............ 18

KISMI-I SÂNÎ AHLÂK-I NEBÎ 21

Rasûlüllâh *(Sallâllâhu Aleyhi ve Sellem)*in verâsı............ 23
Rasûlüllâh *(Sallâllâhu Aleyhi ve Sellem)*in zühdü............ 23
Rasûlüllâh *(Sallâllâhu Aleyhi ve Sellem)*in iffeti............ 26
Rasûlüllâh *(Sallâllâhu Aleyhi ve Sellem)*in ilmi............ 26
Rasûlüllâh *(Sallâllâhu Aleyhi ve Sellem)*in keremliliği............ 27
Rasûlüllâh *(Sallâllâhu Aleyhi ve Sellem)*in halim selim olması............ 27
Rasûlüllâh *(Sallâllâhu Aleyhi ve Sellem)*in ibâdeti............ 28
Rasûlüllâh *(Sallâllâhu Aleyhi ve Sellem)*in şüpheli yerlerden uzak durması............ 28
Rasûlüllâh *(Sallâllâhu Aleyhi ve Sellem)*in insanları utandırmak istememesi............ 29
Rasûlüllâh *(Sallâllâhu Aleyhi ve Sellem)*in kanâatkâr olması............ 30
Rasûlüllâh *(Sallâllâhu Aleyhi ve Sellem)*in hayâsı............ 30
Rasûlüllâh *(Sallâllâhu Aleyhi ve Sellem)*in şefkati............ 31
Rasûlüllâh *(Sallâllâhu Aleyhi ve Sellem)*in dünyâ ziynetine aldanmaması............ 31
Rasûlüllâh *(Sallâllâhu Aleyhi ve Sellem)*in gözlerinin korunmuş olması............ 32
Rasûlüllâh *(Sallâllâhu Aleyhi ve Sellem)*in çıplak yıkanmaması............ 32
Rasûlüllâh *(Sallâllâhu Aleyhi ve Sellem)*in giyiminde şerîata uygun olması şartıyla seçici olmaması............ 33

AHLÂK-I NEBÎ

Rasûlüllâh *(Sallâllâhu Aleyhi ve Sellem)*in bineğinde yanına başkasını da oturtması................................. 33
Rasûlüllâh *(Sallâllâhu Aleyhi ve Sellem)*in hoş kokuyu sevip kötü kokudan hoşlanmaması............................ 35
Rasûlüllâh *(Sallâllâhu Aleyhi ve Sellem)*in fakirlerle berâber yemesi.. 35
Rasûlüllâh *(Sallâllâhu Aleyhi ve Sellem)*in akrabasına değer vermesi.. 38
Rasûlüllâh *(Sallâllâhu Aleyhi ve Sellem)*in hiç kimsenin sözünü kesmemesi.. 38
Rasûlüllâh *(Sallâllâhu Aleyhi ve Sellem)*in kendisine kötülük yapana kaba davranmaması............................ 38
Rasûlüllâh *(Sallâllâhu Aleyhi ve Sellem)*in özrü kabul etmesi.. 38
Rasûlüllâh *(Sallâllâhu Aleyhi ve Sellem)*in şakalaşması.... 39
Rasûlüllâh *(Sallâllâhu Aleyhi ve Sellem)*in gülmesi.......... 41
Rasûlüllâh *(Sallâllâhu Aleyhi ve Sellem)*in mübah olan oyunları meşrû görmesi... 41
Rasûlüllâh *(Sallâllâhu Aleyhi ve Sellem)*in bedevîlerin kaba sözlerine tahammul etmesi.................................. 42
Rasûlüllâh *(Sallâllâhu Aleyhi ve Sellem)*in affedici olması... 43
Rasûlüllâh *(Sallâllâhu Aleyhi ve Sellem)*in tevazuu......... 43
Rasûlüllâh *(Sallâllâhu Aleyhi ve Sellem)*in dâvete icâbet etmesi... 44
Rasûlüllâh *(Sallâllâhu Aleyhi ve Sellem)*in berâberindekilerden daha değerli şeyleri yiyip içmemesi................ 45
Rasûlüllâh *(Sallâllâhu Aleyhi ve Sellem)*in odun toplaması... 46

AHLÂK-I NEBÎ

Rasûlüllâh *(Sallâllâhu Aleyhi ve Sellem)*in hiçbir yoksulu hakir görmemesi... 46
Rasûlüllâh *(Sallâllâhu Aleyhi ve Sellem)*in mülkünden sebep hiçbir kraldan çekinmemesi........................... 46
Rasûlüllâh *(Sallâllâhu Aleyhi ve Sellem)*in hiçbir kimseye lânet okumaması.. 47
Rasûlüllâh *(Sallâllâhu Aleyhi ve Sellem)*in hiçbir kimseye vurmaması... 47
Rasûlüllâh *(Sallâllâhu Aleyhi ve Sellem)*in insanların isteğine cevap vermesi.. 48
Rasûlüllâh *(Sallâllâhu Aleyhi ve Sellem)*in kendisi için serilen yatağı beğenmezlik etmemesi..................... 49
Rasûlüllâh *(Sallâllâhu Aleyhi ve Sellem)*in ilk selâm veren olması... 49
Rasûlüllâh *(Sallâllâhu Aleyhi ve Sellem)*in musâfaha etmesi.. 49
Rasûlüllâh *(Sallâllâhu Aleyhi ve Sellem)*in bir meclisden kalkarken de otururken de zikir üzere olması....... 50
Rasûlüllâh *(Sallâllâhu Aleyhi ve Sellem)*in oturuş şekli.... 50
Rasûlüllâh *(Sallâllâhu Aleyhi ve Sellem)*in bedevîler tarafından rahatça tanınabilmesi için kendisine yüksekçe bir yer yapılması... 51
Rasûlüllâh *(Sallâllâhu Aleyhi ve Sellem)*in ekserî kıbleye doğru oturması... 52
Rasûlüllâh *(Sallâllâhu Aleyhi ve Sellem)*in altındaki minderi yanındakine vermesi.................................. 52
Rasûlüllâh *(Sallâllâhu Aleyhi ve Sellem)*in misâfirine ikrâm etmesi... 52
Rasûlüllâh *(Sallâllâhu Aleyhi ve Sellem)*in ashâbının

AHLÂK-I NEBÎ

ne halde olduğuna dikkat etmesi.................................. 53
Rasûlüllâh *(Sallâllâhu Aleyhi ve Sellem)*in torunlarıyla
şakalaşması... 53
Rasûlüllâh *(Sallâllâhu Aleyhi ve Sellem)*in güler yüzlü
olması... 54
Rasûlüllâh *(Sallâllâhu Aleyhi ve Sellem)*in ashâbına
künye takması... 54
Rasûlüllâh *(Sallâllâhu Aleyhi ve Sellem)*in oturduğu
meclisten kalkarken okuduğu duâ............................... 55
Rasûlüllâh *(Sallâllâhu Aleyhi ve Sellem)*in konuşma şekli.
Rasûlüllâh *(Sallâllâhu Aleyhi ve Sellem)*in çok ağlaması.. 56
Rasûlüllâh *(Sallâllâhu Aleyhi ve Sellem)*in ashâbının
O'nun yanındaki gülüşlerinin tebessümden ibâret
olması... 57
Rasûlüllâh *(Sallâllâhu Aleyhi ve Sellem)*in yemek
yerkenki oturma şekli... 58
Rasûlüllâh *(Sallâllâhu Aleyhi ve Sellem)*in çok sıcak
yemek yememesi.. 58
Rasûlüllâh *(Sallâllâhu Aleyhi ve Sellem)*in yaş
meyveler içerisinde sevdikleri...................................... 59
Rasûlüllâh *(Sallâllâhu Aleyhi ve Sellem)*in üzüm
yeme şekli... 59
Rasûlüllâh *(Sallâllâhu Aleyhi ve Sellem)*in hurma
yerken su veyâ süt içmesi... 60
Rasûlüllâh *(Sallâllâhu Aleyhi ve Sellem)*in en sevdiği
yiyeceğin et olması... 60
Rasûlüllâh *(Sallâllâhu Aleyhi ve Sellem)*in sürekli et
yemeyi de hoş karşılamaması....................................... 60
Rasûlüllâh *(Sallâllâhu Aleyhi ve Sellem)*in kabağı çok

sevmesi.. 61
Rasûlüllâh *(Sallâllâhu Aleyhi ve Sellem)*in kim çağırsa
"buyur" demesi... 61
Rasûlüllâh *(Sallâllâhu Aleyhi ve Sellem)*in nefsi için
öfkelenmemesi... 62
Rasûlüllâh *(Sallâllâhu Aleyhi ve Sellem)*in her yerde
hakkı icrâ etmesi... 62
Rasûlüllâh *(Sallâllâhu Aleyhi ve Sellem)*in karnına taş
bağlaması.. 62
Rasûlüllâh *(Sallâllâhu Aleyhi ve Sellem)*in helal olan şeylerden kendisine takdim edilenleri geri çevirmemesi.. 62
Rasûlüllâh *(Sallâllâhu Aleyhi ve Sellem)*in sâde sütle
yetinmesi... 63
Rasûlüllâh *(Sallâllâhu Aleyhi ve Sellem)*in karpuz, yaş
hurma, tavuk ve kuş eti yemesi........................... 63
Rasûlüllâh *(Sallâllâhu Aleyhi ve Sellem)*in kendisi için
av yapılmasını sevmesi....................................... 63
Rasûlüllâh *(Sallâllâhu Aleyhi ve Sellem)*in et yeme şekli.. 63
Rasûlüllâh *(Sallâllâhu Aleyhi ve Sellem)*in eritilmiş
yağı ekmekle yemesi... 63
Rasûlüllâh *(Sallâllâhu Aleyhi ve Sellem)*in koyunun kol
ve omuz kısmını sevmesi.................................... 63
Rasûlüllâh *(Sallâllâhu Aleyhi ve Sellem)*in Acve'yi
sevmesi.. 64
Rasûlüllâh *(Sallâllâhu Aleyhi ve Sellem)*in hindibâ,
rezene otu ve semiz otunu sevmesi..................... 64
Rasûlüllâh *(Sallâllâhu Aleyhi ve Sellem)*in böbrekleri
yemeyi kerih görmesi.. 64
Rasûlüllâh *(Sallâllâhu Aleyhi ve Sellem)*in koyunun

AHLÂK-I NEBÎ

yedi yerini yemeyi mekruh sayması.................... 65
Rasûlüllâh *(Sallâllâhu Aleyhi ve Sellem)*in kendisini sarımsak, soğan ve pırasa yemeyip Hazreti Ali *(Radıyallâhu Anh)*a sarımsak yemeyi tavsiye etmesi....... 65
Rasûlüllâh *(Sallâllâhu Aleyhi ve Sellem)*in hiçbir yemeyi tenkit etmeyişi................................. 65
Rasûlüllâh *(Sallâllâhu Aleyhi ve Sellem)*in kazanı............ 66
Rasûlüllâh *(Sallâllâhu Aleyhi ve Sellem)*in kutusuna konan eşyaları... 66
Rasûlüllâh *(Sallâllâhu Aleyhi ve Sellem)*in yedi tane keçisinin olduğu.. 66
Rasûlüllâh *(Sallâllâhu Aleyhi ve Sellem)*in keler ve dalak yemekten hoşlanmayışı............................ 66
Rasûlüllâh *(Sallâllâhu Aleyhi ve Sellem)*in yemekten sonra parmaklarını yalamadan mendile silmemesi...... 67
Rasûlüllâh *(Sallâllâhu Aleyhi ve Sellem)*in yemekten sonra ellerini yıkaması................................. 67
Rasûlüllâh *(Sallâllâhu Aleyhi ve Sellem)*in içtiği kabın içine nefes vermemesi.................................. 67
Rasûlüllâh *(Sallâllâhu Aleyhi ve Sellem)*in utangaçlığı..... 68
Rasûlüllâh *(Sallâllâhu Aleyhi ve Sellem)*in yediğinden başkasına ikrâm etmesi................................. 69
Rasûlüllâh *(Sallâllâhu Aleyhi ve Sellem)*in sarık sarma şekilleri.. 69
Rasûlüllâh *(Sallâllâhu Aleyhi ve Sellem)*in kolunun yeninin bileğe kadar olması.............................. 69
Rasûlüllâh *(Sallâllâhu Aleyhi ve Sellem)*in cübbe giymesi 70
Rasûlüllâh *(Sallâllâhu Aleyhi ve Sellem)*in ridâsı............. 70
Rasûlüllâh *(Sallâllâhu Aleyhi ve Sellem)*in izârı............... 70

AHLÂK-I NEBÎ

Rasûlüllâh *(Sallâllâhu Aleyhi ve Sellem)*in kırmızı ve yeşil çizgili hırka giyinip, hâlis kırmızı giyinmekten nehyetmesi 70
Rasûlüllâh *(Sallâllâhu Aleyhi ve Sellem)*in şalvar giyinmesi 70
Rasûlüllâh *(Sallâllâhu Aleyhi ve Sellem)*in nâlinleri 71
Rasûlüllâh *(Sallâllâhu Aleyhi ve Sellem)*in cumada ekserî beyaz giyinmesi 71
Rasûlüllâh *(Sallâllâhu Aleyhi ve Sellem)*in yüzük takması 71
Rasûlüllâh *(Sallâllâhu Aleyhi ve Sellem)*in en çok giyindiği kıyafetlerinin pamuklu olması 71
Rasûlüllâh *(Sallâllâhu Aleyhi ve Sellem)*in kalın pamuktan dokunmuş bir sarığının olması 72
Rasûlüllâh *(Sallâllâhu Aleyhi ve Sellem)*in vefât ettiğinde dokunmakta olan bir hırkasının olması 72
Rasûlüllâh *(Sallâllâhu Aleyhi ve Sellem)*in kızartılmış ciğer yemesi 72
Rasûlüllâh *(Sallâllâhu Aleyhi ve Sellem)*in âilesiyle iyi geçinmesi 72
Rasûlüllâh *(Sallâllâhu Aleyhi ve Sellem)*in koyunlarının sayısının yüzü geçmesini istememesi 73
Rasûlüllâh *(Sallâllâhu Aleyhi ve Sellem)*in peygamber olmadan önce koyun bakmış olması 73
Rasûlüllâh *(Sallâllâhu Aleyhi ve Sellem)*in Hadîce *(Radıyallâhu Anhâ)*nın ücretli işcisi olarak sefere çıkmış olması 73
Rasûlüllâh *(Sallâllâhu Aleyhi ve Sellem)*in borç almış olması 74

AHLÂK-I NEBÎ

Rasûlüllâh *(Sallâllâhu Aleyhi ve Sellem)*in ümmetine genişlik olsun diye yemin etmiş olması................... 74
Rasûlüllâh *(Sallâllâhu Aleyhi ve Sellem)*in kendisini metheden şâiri mükâfatlandırması............................... 74
Rasûlüllâh *(Sallâllâhu Aleyhi ve Sellem)*in meddahların suratına toprak saçılması emrinin mânâsı................... 75
Rasûlüllâh *(Sallâllâhu Aleyhi ve Sellem)*in güreş yapması.75
Rasûlüllâh *(Sallâllâhu Aleyhi ve Sellem)*in elbiselerine bulaşan bitleri bizzat kendisinin ayıklaması............... 75
Rasûlüllâh *(Sallâllâhu Aleyhi ve Sellem)*in yürüyüş şekli. 76
Rasûlüllâh *(Sallâllâhu Aleyhi ve Sellem)*in ashâbının arkasından yürümesi.. 76
Rasûlüllâh *(Sallâllâhu Aleyhi ve Sellem)*in peştemalinin topukların üzerinde oluşu... 76
Rasûlüllâh *(Sallâllâhu Aleyhi ve Sellem)*in entârisinin düğmelerinin kapalı oluşu... 77
Rasûlüllâh *(Sallâllâhu Aleyhi ve Sellem)*in yamalı elbise giyinmesi.. 77
Rasûlüllâh *(Sallâllâhu Aleyhi ve Sellem)*in cumaya özel iki elbisesinin olması... 77
Rasûlüllâh *(Sallâllâhu Aleyhi ve Sellem)*in başka elbisesi bulunmadığından, bâzı kere sâdece bir çarşafa dolanarak namaz kılması.. 78
Rasûlüllâh *(Sallâllâhu Aleyhi ve Sellem)*in za'feranla boyalı bir yatak çarşafının olması.................................79
Rasûlüllâh *(Sallâllâhu Aleyhi ve Sellem)*in bir şeyi hatırlamak için yüzüğüne ip bağlaması........................ 79
Rasûlüllâh *(Sallâllâhu Aleyhi ve Sellem)*in gönderdiği mektuplara mühür vurması... 79

AHLÂK-I NEBÎ

Rasûlüllâh *(Sallâllâhu Aleyhi ve Sellem)*in sarık altına takke giyinmesi.. 79
Rasûlüllâh *(Sallâllâhu Aleyhi ve Sellem)*in bâzen namaz dışında sâdece takke giyinmesi.................................. 80
Rasûlüllâh *(Sallâllâhu Aleyhi ve Sellem)*in Sehâb adındaki bir sarığı Ali *(Radıyallâhu Anh)*a hediye etmesi...... 80
Rasûlüllâh *(Sallâllâhu Aleyhi ve Sellem)*in döşeğinin şekli.. 81
Rasûlüllâh *(Sallâllâhu Aleyhi ve Sellem)*in ibâdetine mâni olmasından korktuğu için döşeğinin ince bir şekilde serilmesini istemesi... 81
Rasûlüllâh *(Sallâllâhu Aleyhi ve Sellem)*in çoğu kere bir hasır üzerinde uyuması... 81
Rasûlüllâh *(Sallâllâhu Aleyhi ve Sellem)*in çömleketen olan bir ibriğinin bulunması... 81
Rasûlüllâh *(Sallâllâhu Aleyhi ve Sellem)*in mübârek ağzından ve burnundan çıkanların insanlar tarafından alınması... 82
Rasûlüllâh *(Sallâllâhu Aleyhi ve Sellem)*in ashâbının O'na tâzimi... 83
Rasûlüllâh *(Sallâllâhu Aleyhi ve Sellem)*in hiç kimseyi gıybet etmemesi.. 83
Rasûlüllâh *(Sallâllâhu Aleyhi ve Sellem)*in kendisine yapılan kötülüğe misliyle mukâbele de bulunmaması. 83
Rasûlüllâh *(Sallâllâhu Aleyhi ve Sellem)*in ashâbından kendisine kötü bir haber getirilmesini sevmemesi...... 84
Rasûlüllâh *(Sallâllâhu Aleyhi ve Sellem)*in câhilleri hoş görüyle karşılaması....................................... 85
Rasûlüllâh *(Sallâllâhu Aleyhi ve Sellem)*in merkebe

AHLÂK-I NEBÎ

binmesi.. 86
Rasûlüllâh *(Sallâllâhu Aleyhi ve Sellem)*in çocuklara
selâm vermesi... 86
Rasûlüllâh *(Sallâllâhu Aleyhi ve Sellem)*in heybetinden
titreyen bir adamı sakinleştirmesi............................ 86
Rasûlüllâh *(Sallâllâhu Aleyhi ve Sellem)*in ashâbına
yumuşak davranması.. 87
Rasûlüllâh *(Sallâllâhu Aleyhi ve Sellem)*in Âişe
(Radıyallâhu Anhâ) ile koşma müsâbakası yapması........ 87
Rasûlüllâh *(Sallâllâhu Aleyhi ve Sellem)*in şişmanlık
bakımından mûtedil olması.. 88
Rasûlüllâh *(Sallâllâhu Aleyhi ve Sellem)*in vefât etmeden
evvel geceleyin kıldığı nâfile namazların çoğunu
oturarak kılması... 88
Rasûlüllâh *(Sallâllâhu Aleyhi ve Sellem)*in sancağının adı 89
Rasûlüllâh *(Sallâllâhu Aleyhi ve Sellem)*in çanağının adı. 89
Rasûlüllâh *(Sallâllâhu Aleyhi ve Sellem)*in çadırının adı... 89
Rasûlüllâh *(Sallâllâhu Aleyhi ve Sellem)*in kamçısının adı 89
Rasûlüllâh *(Sallâllâhu Aleyhi ve Sellem)*in bardağının adı 89
Rasûlüllâh *(Sallâllâhu Aleyhi ve Sellem)*in matarasının a. 89
Rasûlüllâh *(Sallâllâhu Aleyhi ve Sellem)*in eğerinin adı.... 89
Rasûlüllâh *(Sallâllâhu Aleyhi ve Sellem)*in makasının adı. 89
Rasûlüllâh *(Sallâllâhu Aleyhi ve Sellem)*in kılıcının adı.... 89
Rasûlüllâh *(Sallâllâhu Aleyhi ve Sellem)*in gümüşten
üç halkası olan deriden bir kemerinin olması............... 90
Rasûlüllâh *(Sallâllâhu Aleyhi ve Sellem)*in devesinin adı.. 90
Rasûlüllâh *(Sallâllâhu Aleyhi ve Sellem)*in katırının adı... 90
Rasûlüllâh *(Sallâllâhu Aleyhi ve Sellem)*in merkebinin a. 90
Rasûlüllâh *(Sallâllâhu Aleyhi ve Sellem)*in koyunun adı... 90

**MEVLİD AYI ANISINA BİR
SALEVÂT-I ŞERÎFE**.. 91
Kaynakça.. 93
İçindekiler.. 95

الفقار، وكان له أسياف أخر،

وكان له ﷺ منطقة من أدم فيها ثلاث حلق من فضة،

واسم ناقته ﷺ القصواء وهي التي يقال لها العضباء،

وكان اسم بغلته ﷺ دلدل،

واسم حماره ﷺ يعفور،

واسم شاته ﷺ التي كان يشرب لبنها غنية.

وصلى الله على سيدنا محمد وعلى آله و أصحابه وأزواجه وذريته وأهل بيته كلما ذكره الذاكرون وغفل عن ذكره الغافلون.

ومتاعه.

فكان اسم رايته ﷺ العقاب وكانت سوداء.

وكان له راية أخرى صفراء وأخرى بيضاء فيها خطوط سوداء،

وكان اسم جفنته ﷺ الكافور،

واسم خيمته ﷺ الكن،

واسم قضيبه ﷺ الممشوق،

واسم قدحه ﷺ الريان،

واسم رِكوته ﷺ الصادر،

واسم سرجه ﷺ الداج،

واسم مقراضه ﷺ الجامع،

واسم سيفه ﷺ الذي يحضر به الحروب ذو

لها حتى تسبقه.

وكان ﷺ معتدل الخلق في السمن، ثم بدن في آخر عمره ومع ذلك كان لحمه متماسكا يكاد يكون على الخلق الأول لم يضره السمن،

وقالت عائشة رضي الله عنها: "وما مات ﷺ حتى كان أكثر صلاته النفل في الليل جالسا و كان إذا تعب من القيام يجلس فيقرأ وهو جالس، فإذا قارب الركوع قام فقرأ ما كتب له ثم ركع."

وكان ﷺ كثيرا ما يفتتح قيام الليل بركعتين خفيفتين ثم يطيل بعدهما ما شاء ويجعلهما كالنافلة التي قبل الفريضة ويكثر فيهما من الاستغفار أدبا مع ربه وتشريعا لأمته ﷺ.

وكان من أخلاقه ﷺ تسمية دوابه وسلاحه

عليك يا أخي فلست بملك و لا جبار إنما أنا ابن امرأة من قريش كانت تأكل القديد.''

وكان من تواضعه ﷺ أنه لا يدعوه أحد من أصحابه إلا قال له: ''لبيك.''

وكان ﷺ مع أصحابه على ما يريدون و يحبون فإن تكلموا في أمر الآخرة تكلم معهم أو في أمر الدنيا تكلم معهم أو في طعام أو شراب تكلم معهم رفقا بهم واستمالة لخواطرهم فكان ﷺ هينا لينا.

وكان ﷺ لا يزجر أصحابه إلا عن حرام أو مكروه.

وكان ﷺ يسابق عائشة رضي الله عنها بالعدو والهرولة فيسبقها فإذا رآه غضبت يتثاقل

ﷺ: "لا تبلغوني عن أصحابي إلا خيرا فإني أحب أن أخرج إليكم و أنا سليم الصدر."

وكان ﷺ إذا رأى أحدا يفعل ما لا يليق لا يبادر إلى الإنكار عليه ولكن يَثَّبَتُ وينظر فإن رآه جاهلا علمه برفق ورحمة كما في قصة الأعرابي الذي دخل فبال في المسجد فإنه نهى أصحابه أن يزعجوه عن بوله، وقال: "إنما بعثتم ميسرين و لم تبعثوا معسرين." فلما فرغ الأعرابي من بوله كلمه بخفض صوت وقال: "إنما جعلت المساجد للصلاة ولم تجعل للبول."

وكان ﷺ يركب الحمار مأكوفا وعليه قطيفة وإذا مر على الصبيان سلم عليهم وباسطهم. و أتوه مرة برجل فأرعد من هيبته ﷺ فقال: "هون

مع الهيبة والإطراق وكانوا لا يحدقون النظر إليه ﷺ ولا يحدون بصرهم إليه تعظيما له وتوقيرا.

وكان ﷺ لا يؤذي من يؤذيه ولا يتكلم فيما لا يعنيه ولا يذكر أحدا بغيبة ولا يشمت بمصيبة، وكان إذا بالغ أحد في إيذائه صبر واحتمل ولم يقابله بنظيره وربما قال: "رحم الله أخي موسى لقد أوذي بأكثر من هذا فصبر."

وكان ﷺ يكره من يبلغه السوء عن أصحابه ويقول: "لا تُبَلِّغُونِي عن أصحابي إلا خيرا فإني بشر أغضب كما يغضب البشر." وقسم مرة قسما بين أصحابه فلما انصرف قال شخص من القوم: "هذه قسمة ما أريد بها وجه الله تعالى"، فلما رجع ﷺ أخبره شخص بما قيل في حقه فقال

وجدوا في المطهرة ماء شربوا منه ومسحوا منه على وجوههم وأجسامهم يبتغون بذلك البركة.

وكان ﷺ إذا صلى الغداة جلس في مجلسه فيجيء خدم المدينة بآنيتهم فيها الماء فيسألونه ﷺ أن يضع يده في أوانيهم فيفعل وربما جاؤوه في الغداة الباردة فيغمس يده في الماء لأجل خاطرهم.

وكان ﷺ إذا بَصَقَ يتسارع الناس إلى تلقي بُصاقِهِ ونُخامَتِهِ بأكفهم فلا يقع له ﷺ نخامة على الأرض فكانوا يَدْلُكُونَ بتلك النخامة وجوههم و جلودهم طلبا أن لا يمسهم النار يوم القيامة. و كانوا يقتتلون على غسالة ماء وضوئه.

وكان أصحابه يتكلمون عنده بخفض صوت

وكان له ﷺ فراش من أدم حشوه ليف و طوله ذراعان أو نحوهما، وعرضه ذراع وشبر و نحوه.

وكان له ﷺ عباءة تُفْرَشُ له حيثما تنقل تثنى له طاقين فيجلس عليها وفرشتها له عائشة مرة بعد أن ثنتها أربع طاقات فنام ﷺ تلك الليلة عن الوقت الأول من ورده، فقال: "أعيدوها طاقين فإن لينها أو وطأها كاد أن يمنعني قيام ليلتي." و كثيرا ما كان ﷺ ينام على الحصير وحده وليس فوقه شيء.

وكان له ﷺ مطهرة من فخار يتوضأ منها و يشرب، فكان الناس يرسلون أولادهم الذين لم يبلغوا الحلم فيدخلون عليه ﷺ فلا يمنعون فإذا

وكان ﷺ كثيرا ما يخرج و في أصبعه الخيط المربوط في خاتمه فيتذكر به الشيء.

وكان ﷺ يختم بخاتمه على الكتب ويقول: "الخاتم على الكتاب خير من التهمة."

وكان ﷺ يلبس القلانس تحت العمائم و تارة يلبسها من غير عمامة وربما نزع قلنسوته من رأسه فجعلها سترة بين يديه وصلى إليها وكانت صوفا وتارة كان يجعلها قطنا مَحْشُوَّةً مُضَرَّبَةً.

قال العلماء: وهذا يؤذن بأن طوله كان ثلثي ذراع حتى يصح كونها سترة للمصلي.

وكان له ﷺ عمامة تسمى السحاب فوهبها لعلي ﵁ فربما طلع علي ﵁ وهي على رأسه فيقول ﷺ: "أتاكم علي في السحاب."

ربما أمَّ به الناس على الجنائز وربما صلى به في بيته، ويلتحف به إذا كان واسعا وربما كان ذلك الإزار هو الذي جامع فيه يومئذ، وربما صلى في الليل في وسطه إزار يرتدي بطرفه مما يلي هُدْبه ويلقي البقية على بعض نسائه لطوله ويصلي فيه. وكان لا يتحرك بحركة ركوعه ولا سجوده.

وكان له ﷺ كساء أسود ليس عنده غيره فاستكساه شخص فكساه له.

وكان له ﷺ ملاءة مصبوغة بالزعفران كما مر وكانت تنقل معه إلى بيوت زوجاته فترسلها المرأة التي كان نائما عندها لصاحبة النوبة فتَرُشُّها بالماء فتظهر رائحة الزعفران فينام معها فيها.

كان يفصلها قصيرة فلا يحتاج إلى تشمير.

وكان إزاره ﷺ فوق ذلك إلى نصف الساق.

وكان قميصه ﷺ مسدود الأزرار وتارة كان يتزرر بالأزرار المعهودة وتارة بشوكة أو إبرة وربما أحدث التزرر في الصلاة.

وكان له ﷺ ملحفة مصبوغة بالزعفران و ربما صلى بالناس فيها وحدها وربما لبس الكساء الأسود أو المخطط وما عليه غيره. وكان ﷺ يلبس الكساء المرقع ويقول: "إنما أنا عبد ألبس كما يلبس العبد."

وكان له ﷺ ثوبان للجمعة خاصة كما مر سوى ثيابه في غير الجمعة وربما لبس إزارا واحدا ليس عليه غيره يعقد طرفيه بين كتفيه و

العدو وصارع ركانة كما قال بعضهم.

وكان ﷺ يَفْلِي ثوبه من القمل الذي يصعد على ثيابه من مواضع الفقراء ولم يكن ثوبه ﷺ يَقْمَلُ."

وكان ﷺ أحسن الناس مشيا وأسرعهم فيه إذا مضى للصلاة حتى كأنه ينحط من صبب من غير اكتراث ولا تعب منه ﷺ. وكان أصحابه يمشون بين يديه وهو خلفهم ويقول: "دعوا ظهري للملائكة."

وكان ﷺ إذا سافر يكون ساقة أصحابه لأجل المنقطعين وأردافهم والنظر في حالهم.

وكانت ثيابه ﷺ كلها مُشَمَّرَةً فوق الكعبين ويشد وسطه إذا كانت طويلة وأكثر أحواله أنه

وكان ﷺ يستثني في يمينه تارة ويكفرها أخرى ويمضي فيها أخرى.

وكان ﷺ يثيب الشاعر على شعره إذا مدحه ومنع الثواب في حق غيره لئلا يتجرأ الشعراء على المدح ويبالغوا فيه فيؤدي إلى الكذب بغير حق.

وأمر ﷺ أن يَحْثِىَ في وجوه المداحين التراب وصورة ذلك أن الممدوح يأخذ ترابا بأصابعه من الأرض ثم يذريه بين يدي المادح على الأرض ويقول له: "ما ذا تمدح فيمن خلق من هذا"، لا أنه يرمي التراب في وجه الشاعر فيؤذيه بذلك كما فهمه بعضهم.

وكان ﷺ يصارع لأجل معرفة مكايد حرب

الغنم على مائة فإن زادت ذبح الزائد.

وكان ﷺ يبيع ويشتري ولكن كان شراؤه أكثر من بيعه.

وآجر ﷺ نفسه قبل النبوة في رعاية الغنم و كذلك آجر نفسه لخديجة رضي الله عنها في سفره لتجارتها.

واستدان ﷺ برهن وبغير رهن واستعار و ضمن ووقف أرضا له.

وحلف ﷺ بالله تعالى في أكثر من ثمانين موضعا توسعة بذلك على أمته مع أنه كان أكثر الخلق تعظيما لربه ﷻ ولولا توسعته ﷺ على أمته ما حلف بالله ﷺ قط تعظيما له.

بردة تنسج عند النساج."

وكان ﷺ يأكل من الكبد إذا شويت.

وكان ﷺ مع أهل بيته في الخدمة كأنه واحد منهم من حسن خلقه وحسن معاشرته. وكانت عائشة رضي الله عنها تقول: "لم يكن أحد أحسن خلقا من رسول الله ﷺ كنت إذا هويت شيئا تابعني عليه." قالت: "وكنت إذا شربت من السِّقَاءِ يأخذه فيضع فمه على موضع فمي و يشرب، وربما كنت حائضا وكان يَنْهَشُ فضلتي من اللحم الذي على العظم." قالت: "وكان ﷺ يتكىء في حجري ويقرأ القرآن." قالت: "وربما أكون حائضا."

وكان ﷺ له غنم وكان ﷺ لا يحب أن يزيد

يلي كفه.

وكان ﷺ يتقنع بردائه تارة و يتركه أخرى وهو الذي يسميه الناس الآن الطيلسان أو البشنقة.

وكان أكثر لباسه ﷺ ولباس أصحابه ثياب القطن.

وكان له ﷺ عمامة قطوية وهي الغليظة من القطن.

وكان ﷺ يلتحي كثيرا بالعمامة من تحت الحَنَكِ على طريق المغاربة الآن في بلاد مصر.

ولبس ﷺ مرة بردة من الصوف فوجد لها رائحة الضأن فتركها.

قال أنس ﵁: "وتوفي رسول الله ﷺ وله

وكان إزاره ﷺ أربع أذرع وشبرا في عرض ذراعين و شبر.

وكان ﷺ يلبس الأبراد التي فيها خطوط حمراء أو خضراء.

وكان ﷺ ينهى عن لبس الأحمر الخالص.

وكان له ﷺ سراويل ولبس النعل التي يسميها الناس الناسومة.

وكان له ﷺ بردان أخضران يصلي فيهما الجمعة والعيدين. قال بعض العلماء: "ولم يلبس ﷺ البرد الأخضر الخالص الخضرة أبدا". قالوا: "وكان أكثر لباسه ﷺ في الجمعة البياض." قوله أخضران أي فيهما خطوط.

وكان ﷺ يلبس الخاتم ويجعل فصه مما

كان لا يرخيها جملة. هكذا قال بعضهم و الجمهور على أنه ﷺ لم يترك العذبة حتى مات.

وكان كمه ﷺ إلى الرسغ وهو المفصل بين الكف والساعد.

ولبس ﷺ القباء والفرجية والجبة الضيقة الكمين في سفره.

وكان ﷺ إذا أهدي إليه ثوب يخالف هيئة ثيابه لا يغيره عن هيئته بل يلبسه على هيئته توسعة على أمته ﷺ كما مر في الجبة الضيقة الكمين.

وكان له ﷺ رداء طوله ستة أذرع في عرض ثلاثة أذرع.

ينحرف عنه، وأتوه مرة بإناء فيه لبن وعسل فأبى أن يأكله وقال: "شربتان في شربة وإدامان في إناء واحد لا حاجة لي بهما، أما إني لا أحرم ذلك ولكني أكره الفخر بفضول الدنيا والحساب على ذلك، وأحب التواضع لربي ﷻ في جميع أحوالي فإن من تواضع لله رفعه الله."

وكان ﷺ في بيته أكثر حياء من العاتق في خدرها، كان ﷺ لا يسألهم طعاما ولا يشتهاه عليهم، إن أطعموه أكل وأطعم غيره وما أطعموه قبل ولو كان قليلا، وكثيرا ما كان ﷺ يقوم فيأخذ ما يأكل وما يشرب بنفسه.

وكان ﷺ إذا اعتم أرخى عمامته بين كتفيه، وفي أوقات كان يغرزها في عمامته، وفي أوقات

يحرمهما ويقول: "إن الضب لم يكن بأرض قومي فأجدني أعافه." وأما الطحال فإنما كرهه ﷺ لأنه مجمع أوساخ البدن.

وكان ﷺ يلعق الصحفة بأصابعه ويقول: "آخر الطعام أكثر بركة."

وكان ﷺ يلعق أصابعه حتى تحمر.

وكان ﷺ لا يمسح أصابعه بالمنديل حتى يلعقها واحدة واحدة. وكان ﷺ يقول "إنه لا يدري في أي الأصابع البركة."

وكان ﷺ إذا أكل اللحم والخبز خاصة غسل يديه بالماء غسلا جيدا ثم يمسح بفضل الماء على وجهه.

وكان ﷺ إذا شرب لا يتنفس في الإناء وإنما

الكُرَّاث وقال لعلي ﷺ: "يا علي كل الثوم نَيِّئًا فإنه شفاء من سبعين داء لولا المَلَك يأتيني لأكلته."

وما ذم ﷺ قط طعاما بل إن اشتهاه أكله و إلا تركه.

وكان له ﷺ قَصْعَة يقال لها الغراء لها أربع حلق يحملها أربعة رجال بينهم وكان له صاع ومد وسرير قوائمه من ساج.

وكان له ﷺ ربعة يجعل فيها المرآة والمشط والسواك والمقراضين وهما المقص والملقاط.

وكان له ﷺ سبع أعنز منائح ترعاهن له أم أيمن حاضنته ﷺ.

وكان ﷺ يعاف الضب والطحال و لا

وكان ﷺ يعجبه طعام الدباء ويحب من التمر العجوة، ودعا في العجوة بالبركة، و قال: "إنها من الجنة وشفاء من السم والسحر."

وكان ﷺ يحب من البقول الهندباء و الشَّمَارَ و الرِّجْلَةَ.

وكان ﷺ يكره أكل الكليتين لمكانهما من البول.

وكان ﷺ لا يأكل من الشاة سبعا الذكر و الأنثيين والفرج والدم والمَثَانَة والمرارة والغُدَد و يكره لغيره أكل هذه المذكورات من غير أن يحرمها، وكان ﷺ يقول: "أطيب اللحم لحم الظهر."

وكان ﷺ لا يأكل الثوم ولا البصل ولا

عن الطعام والشراب غير اللبن."

وكان ﷺ يأكل البطيخ والرطب ولحم الدجاج والطير الذي يصطاد.

وكان ﷺ لا يشتري الصيد ولا يصيده و يحب أن يصطاد له فيؤتى به فيأكله.

وكان ﷺ إذا أكل اللحم لم يطأطىء رأسه بل يرفعه إلى فيه ثم يأكله.

وكان ﷺ يأكل الخبز والسمن.

وكان ﷺ يحب من الشاة الذراع والكتف، وكانت عائشة رضي الله عنها تقول: "لم يكن الذراع أحب إلى رسول الله ﷺ وإنما ذلك لكونه أعجل الأشياء نضجا، وكان يعجل به إليه لكونه لا يجد اللحم إلا غِبًّا."

وكان ﷺ ينفذ الحق حيث كان وإن عاد ذلك عليه بالضرر أو على أصحابه.

وكان ﷺ يعصب الحجر على بطنه من الجوع ويكتم ذلك عن أصحابه وأهل بيته تحملا للمشقة عنهم إذا علموا بجوعه ﷺ.

وكان ﷺ يأكل ما وجد ولا يَرُدُّ ما قدم إليه من الحلال.

وكان ﷺ لا يتورع قط عن مطعم حلال بل يأكل منه توسعة على أمته.

وكان ﷺ يأكل ما وجد فإن وجد تمرا دون خبز أو لحما مشويا أكل أو خبز بر أكل أو خبز شعير أكل أو حلوى أو عسلا أكل أو لبنا دون خبز أكل واكتفى به، ويقول: ''ليس شيء يجزي

الأطيبين.

وكان أحب الطعام إليه ﷺ اللحم، ويقول: "إنه يزيد في السمع وهو سيد الطعام في الدنيا و الآخرة."

وكان ﷺ يكره إدمان أكل اللحم ويقول: "إنه يقسي القلب."

وكان ﷺ يأكل الثريد باللحم والقرع ويحب القرع ويقول: "إنه شجرة أخي يونس" وكثيرا ما يقول لعائشة رضي الله عنها "إذا طبختِ دُباء فأكثري من مرقتها فإنه يشد القلب الحزين."

وكان ﷺ لا يستكبر عن إجابة الأمة و المسكين يقول له: "لبيك" ولا يغضب لنفسه و إنما يغضب إذا انْتُهِكَتْ حرمات الله ﷿.

وكان ﷺ لا يأكل الطعام الحار ويقول: "إنه غير ذي بركة فأبردوه، وإن الله لا يطعمنا نارا."

وكان ﷺ يأكل مما يليه ويأكل بأصابعه الثلاث وربما استعان بالرابع، وكان ﷺ لا يأكل قط بأصبعين ويقول: "إنه فعل الشيطان."

وكان ﷺ يأكل القِثَّاءَ بالرطب وبالملح و كان أحب الفواكه الرطبة إليه الرطب والعنب.

وكان ﷺ يأكل البطيخ بالخبز وبالسكر و ربما أكله بالرطب ويستعين باليدين جميعا.

وكان ﷺ يأكل العنب خرطا يرى زواله على لحيته كحدر اللؤلؤ وهو الماء الذي يتقاطر منه.

وكان أكثر طعامه ﷺ التمر والماء.

وكان ﷺ يجمع بين التمر واللبن ويسميهما

وكان ﷺ أكثر الناس تبسما ما لم ينزل عليه قرآن أو يذكر يوم القيامة أو يخطب بخطبة موعظة.

وكان ﷺ إذا نزل به أمر فوض أمره فيه إلى الله ﷻ وسأله الهدى واتباعه والبعد من الضلال واجتنابه، ويبرأ من حوله ومن قوته.

وكان أحب الطعام إليه ﷺ ما كثرت عليه الأيدي.

وكان ﷺ يجلس للأكل كالعبد فيجمع بين ركبتيه وبين قدميه كما يجلس المصلي إلا أن الركبة تكون فوق الركبة والقدم فوق القدم. و كان ﷺ كثيرا ما يقول: ''إنما أنا عبد آكل كما يأكل العبد و أجلس كما يجلس العبد.''

العرف إذا اضطره الكلام إلى ذكرها ويعرض عن كل كلام قبيح.

وكان ﷺ إذا سلم سلم ثلاث مرات وكان كثير البكاء ولم تزل عيناه تهملان من الدموع كأنه حديث عهد بمصيبة.

قال أنس ﷺ: كسفت الشمس مرة فجعل ﷺ يبكي في الصلاة وينفخ ويقول: "يا رب ألم تعدني أن لا تعذبهم وأنا فيهم، وأن لا تعذبهم و هم يستغفرون، ونحن نستغفرك يا رب."

وكان ضحك أصحابه ﷺ عنده التبسم من غير صوت اقتداء به ﷺ وتوقيرا له وكانوا إذا جلسوا بين يديه كأنما على رؤوسهم الطير من الهيبة والوقار.

لم يلدن، ويكني الصبيان يستلين بذالك قلوبهم.

وكان ﷺ أبعد الناس غضبا وأسرعهم رضا.

وكان ﷺ أرأف الناس بالناس وخير الناس للناس، وأنفع الناس للناس.

وكان ﷺ إذا قام من مجلسه يقول: "سبحانك اللهم وبحمدك أشهد أن لا إله إلا أنت أستغفرك وأتوب إليك" ثم يقول: "عَلَّمَنِيهِنَّ جبريل عليه السلام"، وقال: "هن كفارة لما وقع في ذلك المجلس."

وكان ﷺ قليل الكلام، سَمْح المقالة، يعيد الكلام مرتين أو أكثر ليفهم، وكان كلامه كخرزات النظم.

وكان ﷺ يكني عن الأمور المستقبحة في

وكان ﷺ يداعب الحسن والحسين رضي الله عنهما وربما أركبهما على ظهره وصار يمشي على يديه ورجليه ويقول: "نعم الجمل جملكما ونعم العِدلان أنتما."

وأخذ ﷺ مرة بيد الحسن بن علي ووضع رجليه على ركبتيه وهو يقول: "حُزُقَّةٌ حُزُقَّةٌ تَرَقَّ عَيْنَ بَقَّةٍ" هكذا كان أبو هريرة ﵁ يقول.

وكان ﷺ يعطي كل من جلس إليه حظه من البشاشة حتى يظن ذلك الجالس أنه أكرم عليه من جميع أصحابه.

وكان ﷺ يكني أصحابه يبتدئهم بالكنى و يدعوهم بها إكراما لهم واستمالة لقلوبهم.

وكان ﷺ يكني النساء اللاتي ولدن واللاتي

"هو سيد المجالس"، وكانوا يجلسون بين يديه متحلقين.

وكان ﷺ يكرم كل داخل عليه ويؤثره بالوسادة التي تكون تحته فإن أبى أن يقبلها عزم عليه حتى يقبلها، وربما بسط ﷺ ثوبه أو رداءه لمن لم يكن بينه وبينه معرفة ولا قرابة ليجلسه عليه تأليفا لقلبه.

وكان ﷺ لا يدخر عن الضيف شيئا بل يخرج إليه كل ما وجد. وكان ربما لم يجد له ما يكرمه به فيصير يعتذر إليه تطييبا لخاطره.

وكان ﷺ كثيرا ما يخرج إلي بيوت أصحابه من غير دعوة ويتفقدهم إذا انقطعوا عن مجلسه وإذا رأى عند أحد منهم جفاء أرسل إليه بهدية.

حتى إنه لم يكن يعرف من بين أصحابه.

قال أنس ﷺ: "وما رؤي قط مادا رجليه يضيق بهما على أحد و لم يكن يمدهما إلا إن كان المكان واسعا."

ولما كان ﷺ لا يعرف من بين أصحابه كان الأعرابي إذا جاء يسأل عن دينه، لا يعرفه حتى يصير يسأل عنه فتكلم الصحابة في عمل شيء يميزه ﷺ حتى يصير الأعرابي يأتي إليه ويسأله ولا يحتاج إلى من يعرّفه به. فاتفق رأيهم على أن يبنوا له دكانا من طين ثم فرشوا له عليه حصيرا من خوض النخل فكان ﷺ يجلس عليها حتى مات.

و كان ﷺ أكثر جلوسه إلى القبلة، ويقول:

وكان إذا أخذ بيده ﷺ أحد سايره حتى يكون ذلك الشخص هو الذي ينصرف.

وكان ﷺ إذا لقي أحدا من أصحابه صافحه ثم شابكه وشد قبضته على يده على عادة العرب.

وكان ﷺ لا يقوم عن مجلس ولا يجلس إلا على ذكر الله ﷻ.

وكان ﷺ إذا جاءه أحد وهو يصلي خفف صلاته ثم سلم منها وقال له: "ألك حاجة" فإن قال: "لا" عاد إلى صلاته، وإن كان له حاجة قضاها له بنفسه أو بوكيله.

وكان أكثر جلوسه ﷺ أنه ينصب ساقيه جميعا ويمسك بيديه عليهما شبه الحبوة.

وكان ﷺ يجلس حيث انتهى به المجلس

وكان ﷺ لا يأتيه أحد من حر ولا عبد ولا أمة ولا مسكين يسأله في حاجة إلا قام معه و قضى حاجته ولو في أقصى المدينة أو في القرى التي خارجها جبرا لخاطره.

وكان ﷺ لا يعيب قط مضجعا وكانوا إن فرشوا له شيئا جلس عليه واضطجع وإن لم يفرشوا له شيئا جلس على الأرض واضطجع عليها.

وكان ﷺ هينا لينا مع جميع أصحابه ليس بفظ ولا غليظ ولا صخاب في الأسواق. أي صياح فيها.

وكان ﷺ يبدأ كل من لقيه بالسلام من المسلمين.

على دين أمته.

وكان ﷺ إذا سبق لسانه إلى شتم لأحد قال: "اللهم اجعلها عليه طهورا وكفارة ورحمة."

ولم يلعن ﷺ قط امرأة معيبة ولا خادما ولا بعيرا.

وكان ﷺ إذا سئل أن يدعو على أحد عدل عن الدعاء عليه و دعا له.

وما ضرب ﷺ قط امرأة ولا خادما ولا غيرهما إلا أن يكون في الجهاد أو في حد من حدود الله فيأمر الجلاد بذلك تطهيرا للمجلود.

ودعا ﷺ مرة خادما له فلم يجبه فقال: "و الله لولا خشية القصاص يوم القيامة لأوجعتك بهذا السواك."

وكان له ﷺ إماء وخدم، وكان لا يرتفع عليهم في مآكل ولا مشارب.

وكان ﷺ مقبلا على عبادة ربه ليلا ونهارا لا يمضي له وقت إلا في عمل طاعة الله ﷻ أو فيما لا بد له منه مما يعود نفعه عليه وعلى المسلمين.

وكان ﷺ يخرج إلى بساتين أصحابه فيأكل من ثمارها و يحتطب ثم يحمل الحطب إلى بيته تواضعا منه ﷺ.

وكان ﷺ لا يحقر مسكينا لفقره ولا يهاب ملكا لملكه، يدعو هذا وهذا إلى الله ﷻ دعاء واحدا.

و كان ﷺ أرحم خلق الله على الإطلاق و

وكان ﷺ ضحكه التبسم فقط، من غير رفع صوت.

وكان ﷺ يرى اللعب المباح فلا ينكره. وكان الأعراب يرفعون عليه الأصوات بالكلام الجافي فيتحمله.

وكان ﷺ لا يجزي بالسيئة السيئة ولكن يعفو ويَصْفَحُ.

ولم يكن له ﷺ إناء يختص به عن خَدَمِه و إمائه، بل كان يأكل معهم في إناء واحد تواضعا معهم و تشريعا للمتكبرين من أمته.

وكان صلى الله عليه وسلم يجيب إلى الوَلِيمَةِ كل من دعاه، ويشهد جنائز المسلمين من عرفه ومن لم يعرفه.

وكان ﷺ يكرم ذوي رحمه من غير أن يؤثرهم على من هو أفضل منهم.

وكان ﷺ لا يقطع على أحد حديثه ولا يجفو على أحد بكلام ولا غيره ولو فعل معه ما يوجب الجفاء.

وكان ﷺ يقبل عذر المعتذر وإن كان مبطلا ويقول: "من أتاه أخوه مُتَنَصِّلًا من ذنب فلْيَقْبَلْ ذلك مُحِقًّا كان أو مُبْطِلًا، فإن لم يفعل لم يَرِدْ عَلَيَّ الحوضَ."

وكان ﷺ يمزح مع النساء والصبيان ولا يقول إلا حقا كقوله للعجوز وهو متبسم: "لا يدخل الجنة عجوز" أي لأن أهل الجنة أبكار عرب.

من هنا نعلم أن محل جواز الإرداف ما احتمله ذالك المركوب.

وكان ﷺ يركب ما وجد، فمرة فرسا ومرة بعيرا ومرة حمارا ومرة بغلة ومرة يمشي حافيا راجلا بلا رداء ولا قلنسوة ليعود المرضى في أقصى المدينة.

وكان ﷺ يحب الطيب ويكره الرائحة الرديئة.

وكان ﷺ يأكل مع الفقراء والمساكين و الخدم، وكان يفلي للمساكين ثيابهم ولحامهم و رؤوسهم.

وكان ﷺ يكرم أهل الفضل على اختلاف طبقاتهم، ويتألف أهل الشرف بالإحسان إليهم.

وكان ﷺ إذا طلب البراز يبعد عن الناس أو يتوارى بجدار ونحوه حتى لا يرى شخصه ﷺ.

وكان ﷺ يلبس ما وجد فمرة شملة ومرة برد حبرة يمانيا ومرة جبة صوف، ما وجد من المباح لبس.

وكان ﷺ إذا كساه أحد ثوبا لا يغيره عن هيئته من سعة أو ضيق، و لبس مرة جبة ضيقة الكمين لا يستطيع أن يخرج يده من كمها إلا بعسر فكان إذا توضأ منها أخرج يديه من ذيلها ليغسلهما.

وكان ﷺ يردف خلفه عبده وصاحبه، وتارة يردف خلفه وأمامه، وهو في الوسط، لكن في الأطفال كالحسن والحسين وأولاد جعفر ﷺ. و

من الحشف.

وكان يستحي من الله إذا أراد دخول الخلاء، حتى كان يتقنع بردائه من شدة حيائه ﷺ، وكانت الأرض تبتلع ما يخرج منه ﷺ.

وكان ﷺ أشفق الناس على أمته.

وكان ﷺ يقول: "اللهم لا ترني في أمتي سوءًا" وقد تقبل الحق تعالى منه ذالك، فلم يره في أمته سوءًا حتى توفاه الله ﷻ.

وكان ﷺ مغمضًا عينيه عن رؤية زينة الدنيا، فلم يمد عينيه إلى زينتها قط، وكان ﷺ معصومًا من خائنة الأعين.

وكان ﷺ يستتر في غسله من الجنابة وغيره ولم يغتسل عريانًا قط حياءً من الله ﷻ.

بِسْمِ اللَّهِ الرَّحْمَنِ الرَّحِيمِ

كان رسول الله ﷺ أورع الناس وأزهد الناس وأعف الناس وأعلم الناس وأكرم الناس وأحلم الناس وأعبد الناس وأبعدهم عن مواطن الرَّيْبِ، لم تمس يده يد امرأة أجنبية قط تشريعا لأمته واحتياطا لهم.

وكان ﷺ إذا وعظ الناس يرسل الكلام في حق كل الناس، ولم يكن ينص في وعظه على أحد معين خوفا أن يخجله بين الناس فيقول: "ما بال أقوام يفعلون كذا ؟".

وكان ﷺ أقنع الناس باليسير من الدنيا، و أيسرهم بلغة كان يكفيه اللعقة من الطعام والكف

أخلاق النبي

ﷺ

المؤلف

عبد الوهاب الشعراني

قام بنشره وترجمه إلى اللغة التركية

أحمد محمود أونلو

الشهير بجبه لي خواجه